群星璀璨

——中国天眼背后的人们

韦昌国 ○ 主编

贵州出版集团
贵州科技出版社

图书在版编目（CIP）数据

群星璀璨：中国天眼背后的人们 / 韦昌国主编. -- 贵阳：贵州科技出版社，2024.4

ISBN 978-7-5532-1276-0

Ⅰ.①群… Ⅱ.①韦… Ⅲ.①人物—列传—中国—现代 Ⅳ.①K820.7

中国国家版本馆 CIP 数据核字（2023）第 226188 号

群星璀璨——中国天眼背后的人们
QUNXING CUICAN——ZHONGGUO TIANYAN BEIHOU DE RENMEN

出版发行	贵州出版集团　贵州科技出版社
地　　址	贵阳市观山湖区会展东路 SOHO 区 A 座（邮政编码：550081）
网　　址	https://www.gzstph.com
出 版 人	王立红
经　　销	全国各地新华书店
印　　刷	贵州新华印务有限责任公司
版　　次	2024 年 4 月第 1 版
印　　次	2024 年 4 月第 1 次
字　　数	216 千字
印　　张	20.5
开　　本	710 mm×1000 mm　1/16
书　　号	ISBN 978-7-5532-1276-0
定　　价	128.00 元

目　录
MULU

001 / 一生最自豪的事情

019 / 仰望星空忆"南老"

040 / 用责任织密"防护天网"

063 / 搬离"大窝凼"

081 / 监测大地脉搏的人

092 / 深山"电保姆"

102 / 坚实的"防火墙"

112 / 与南仁东结缘

127 / "天眼"卫士

135 / 八个鸡蛋的故事

145 / 彼此的"明星"

158 / "天眼""御用"摄影师

173 / 踏过人生的平庸

188 / 李孟良的FAST情缘

199 / 披星戴月的采购员

209 / 风雨兼程同路行

219 / 人离故土情难舍

232 / 一簇向阳花

243 / 总算交了一份满意的答卷

259 / 静默区"不静默"

272 / 我们的家园

287 / 作家眼里的别样风景

299 / "天字号"采访组

一生最自豪的事情

徐必常　扶曼　田建超

1

程祖泽正小心翼翼地吊装最后一块 FAST* 反射面板，以做到安装严丝合缝，完全符合安装要求。他知道，这块板的安装完成对于中国天眼的建设有着多么重要的意义。

程祖泽坐在高高的塔吊室内，他屏住呼吸，非常细心地按操作规程完成安装反射面板的最后操作：收吊绳，把伸出去的吊臂移动到安全处，处理好制动装置，按下断电电钮，拉下电闸……一切都按操作规程完成后，程祖泽在操作椅上挪了挪屁股，双臂放松，长舒了一口气。这口气在胸中憋了差不多两年，他从来不敢放松，直到现在几千块反射面板全部安装成功。

---

* FAST 为 500 米口径球面射电望远镜（Five-hundred-meter Aperture Spherical Radio Telescope）的英文简称。该设备的中文俗称为"中国天眼"。

胜利的欢呼声响彻整个"大窝凼",准备好的彩色气球被放飞后直冲云霄,程祖泽这时才回过神来——任务完成了,他要下塔吊了。

虽说几年中他上下塔吊数千次,但是每一次他都要求自己必须按操作规程来,不能偷懒。程祖泽告诉自己,做事要一丝不苟,确保万无一失。一台机械设备的操作规程就是操作一台机械设备的制度,是用来规范操作人员行为的。像操作塔吊这类特殊机械设备,必须得持证上岗。所谓持证上岗,就是操作人员在正式操作机械设备之前,得对类似机械设备的结构、性能、容易出现的故障等有一个系统的学习,才能避免因操作失误导致机械设备故障和人身财产损失。

程祖泽1991年生于离FAST项目工地"大窝凼"仅两公里的桃源洞。在外地人眼里,桃源洞风光秀丽、景色怡人,但程祖泽从小到大都没有觉得桃源洞有外地人口中说的那么好。直到初中毕业后,他随同外出务工的"劳务大军"到浙江去打工,在绿皮火车上听人们谈论风景时,才知道所谓风景,只有不愁吃穿的人才能看到。此时的程祖泽还不到十六岁,按《中华人民共和国劳动法》"禁止用人单位招用未满十六周岁的未成年人"的规定,他还不够"资格"打工,但生长于桃源洞的他,哪等得了长到十六岁再出门找活干,村上比他年纪还小的有好几个早几年就走上打工这条道了。

程祖泽读书时学习成绩不好也不差,属于中等,要是在初中时努一把力,高中多半是能上的。但他不敢努力,他怕一旦努了力,自己又给家里增添三年的负担。至于三年后再往后数的事,他索性不再去想,穷人家的孩子是容不得想得太远的，想得太远，心理就容易出问题。

程祖泽到浙江后刚开始想进厂，但进不去，因为厂方让他拿身份证来看，他就拿了，厂方招工的人看了一眼，就马上说"不要"。程祖泽怯怯地问了一句"为什么"。招工的人说，"年龄不到，违反《中华人民共和国劳动法》"。程祖泽想，什么法不法的啊，再不找活干，就得饿肚子了。为了不饿肚子，他只能厚着脸皮求人，但求人也没用。

"此处不留爷，自有留爷处"，程祖泽不相信找不到一处卖力气的地方。

出了工厂的门，他就跑到建筑工地找活做，不过，他奔波了十来个工地，才遇上一位答应收留他的东家。

这回他长了心眼，别人问他多大时，他说"十八了"，或者说"差几个月十九了"。工地上的工头大多是粗人，他说十八，别人也没有让他拿身份证来看。"审核"他的工头先是在他肩头用力压了压，力道有些重，但程祖泽承受得住，工头又让程祖泽把手伸出来看看，一看一手的老茧，就拍了拍程祖泽的肩膀说，"留下"。

2

程祖泽第一次爬上塔吊，是在建筑工地上干了半年之后。

工地上的生活很苦，但食物还是充足的，工资差不多也能按时发放。

  每每领到工资,他就把大部分钱往家里寄。浙江虽好,但他认为非久留之地,往后他还要成家,还要养儿养女。这些事可能想得太早了,但他觉得想早一点没坏处。

  工头也没有让他去做搬砖之类的活儿,也许是程祖泽长得一副机灵相,工头试了他几次,觉得他头脑和手脚都比较灵活,就让他在塔吊下装载材料,这一装就是半年。

  现在看来,当初工地上的塔吊不高,顶多就是二三十米。他所在的工地是建设厂房的工地,塔吊虽然不高,可承载的负荷重,吊装的要么是横梁,要么是钢架,还有屋顶什么的……

  程祖泽第一次上塔吊,是因为塔吊司机把一样东西落在塔吊上了,他又懒得再爬上去拿，就让程祖泽去。塔吊司机使唤程祖泽时，似乎也没有指望他真的能爬上去，结果程祖泽却像猴子一样，一会儿就爬上去把东西取了下来。

有了第一次就有第二次。第二次塔吊司机让程祖泽爬上去的原因，是他该带上塔吊的东西遗落在地面了。程祖泽又像猴子一样爬了上去。把东西交给塔吊司机后，司机示意他可以走了，可程祖泽却磨磨蹭蹭地赖着不走。塔吊司机似乎猜出了程祖泽的心思，但却装糊涂，只管催他下去。

程祖泽不下，他鼓足勇气说了一句："师傅，我想跟你学。"

塔吊司机面无表情地回绝："不行。"

程祖泽就软磨硬泡地央求塔吊司机。

求了半天，塔吊司机说："你在上面，下面的活谁干？"

程祖泽知道塔吊司机这是松口了，学开塔吊这事，应该有谱了。

程祖泽下塔吊的动作也像猴子。在中途的一段，他甚至单臂悬着往下跳，这让塔吊司机看得心惊胆战。塔吊司机想，这个毛头小子，今天要是有个三长两短，自己下半辈子就赔进去了。塔吊司机虽然心惊胆战，但却一点不敢声张，他提着心看着程祖泽双脚稳稳地落到地上，才舒了一口气。

收工时，塔吊司机筋疲力尽地从塔吊上下来，还不忘把程祖泽叫过来。他想教训程祖泽一顿，奈何实在是太累，便只是淡淡地对程祖泽说了一句,"下回再也不要上塔吊了"。

程祖泽一时愣在那里,不知道自己究竟做错了什么。他想了半天,实在是没有弄懂,不得不厚着脸皮问塔吊司机。

他问:"师傅,我究竟做错了什么?"

塔吊司机回答他:"是我错了。"

不过后来程祖泽还是学上了,大概是又等了半年之后。这半年之中,他去求过塔吊司机几次,但都被拒绝了,拒绝的理由是他不稳重。程祖泽不知道自己在什么地方不稳重,就向塔吊司机求解。最先塔吊司机没给他答案,没有答案他就自己琢磨,一琢磨就发现自己确实有很多不稳重的地方,做起事来时不时就会冒冒失失的。自那以后,程祖泽但凡发现自己有不稳重的地方就改,但塔吊司机再也没有让他爬过塔吊。

可程祖泽并不灰心,干活是本分,他的活一直就在塔吊下。很多时候他天真地想,终有一天他会爬上塔吊的,他就不相信再没有塔吊司机把东西遗落在塔吊上或者遗落在地面的时候。

其实还真有过几回,但那几回塔吊司机都是自己硬撑着爬上去取的,但爬完塔吊,司机整个人都会累虚脱。

看着累成那样的塔吊司机,程祖泽就会把自己带到工地上的饮用水递过去。水是烧开过的自来水,加了一点点从桃源洞带去的苦丁茶,苦丁茶解渴,喝起来有点苦,但苦中有淡淡的回甘。一次塔吊司机接过水

一生最自豪的事情

来喝了一小口,回味了一下,又把水拿起来喝,喝了一大口之后便把水壶递还给程祖泽,说了声:"谢谢!"

第二天出工的时候,塔吊司机把程祖泽叫到一边,问他:"真的想学吗?"程祖泽怯怯地说:"想。"塔吊司机说:"那你今天下班后去找工头换个班,学开塔吊可没有工资,你得在下班后来跟我。"

程祖泽开心地说:"好。"

3

程祖泽是 2015 年 6 月加入 FAST 工程的建设队伍中的,那时他刚满二十四岁。他能进 FAST 项目工地干活,得益于亲戚的引荐和担保。

此前程祖泽虽然一直在浙江打工,父母却给他在家乡说了一门亲事。

去年秋天，父母让他回家成了亲，眼下孩子即将出生，他得回家尽丈夫和父亲的责任，于是就回到了桃源洞。

桃源洞和"大窝凼"一样，典型的石头多土地少，即便一个人有再多的力气，也不能在地里刨出好日子来。

妻子即将生产，往后的日子就是等着用钱的日子，程祖泽曾打算再回浙江，又放心不下妻儿，于是找亲戚拿主意，亲戚就把他引荐到了FAST项目工地。

初进FAST项目工地干活，程祖泽只是一个打杂人员，主要工作是在缆索吊上帮着吊装师傅卷电缆。这活儿对程祖泽来说实在是太简单，不要说卷电缆，就算是开吊车，对他来说都非常简单。但他还是一丝不苟地卷电缆。卷电缆的活儿毕竟不重，最初几天，由于初来乍到，即便看着别人忙不过来，他也不敢伸手帮忙，生怕别人以为他是想抢饭碗。不过没过几天，大家都混熟了，人熟了再伸手去帮，别人就容易接受。

程祖泽是一个闲不住的人，自从初中毕业走上打工这条路，他就从来不惜力气。"力气是个怪，用了又还在"，从小父母就是这样教他的。

程祖泽把自己份内的工作干得无可挑剔，即便是卷电缆这样的活儿，也一点不马虎。他把自己份内的工作干好了，再用多余时间去帮助别人。这类人无论在哪里，大家都很难不喜欢。

一天，一位工程负责人来检查建设情况，把程祖泽卷的电缆作为样板，让各个在岗的人来学习，并让其他人往后都要像程祖泽一样，做任何事情都一丝不苟。

工程负责人问程祖泽："之前都干过什么？"

程祖泽轻描淡写地说："开过差不多7年的吊车。"

工程负责人先是一惊，然后马上问他："有证吗？"

程祖泽老老实实回答："没有。"

工程负责人说："没有证你也敢开啊！"

程祖泽说："有什么不敢开的，我会。"

工程负责人问程祖泽："会开车吗？"

程祖泽回答："会开一点点。"

工程负责人问："有证吗？"

程祖泽老老实实回答："没有。"

检查结束后，工程负责人拍了拍程祖泽的肩膀，说："小伙子，得抓紧时间去考个证哟。"

程祖泽点点头，马上回答："好。"

之后工程负责人又让人催程祖泽去考证——转运车司机和塔吊司机的证。这些证主要考的是操作。主考官是从平塘县人力资源和社会保障局请来的，现场办公，他让程祖泽开着转运车跑了几圈，看他没有违规，全按操作规程办事，最后让程祖泽通过了。这证一到手，程祖泽立马就成了转运车司机。

4

程祖泽爬上位于圈梁基础桩 15 米高的转运车操控室,心里还是有些慌的,腿也偷偷打着颤。这毕竟不是浙江建筑工地塔吊上二三十米高的操作室,而且浙江塔吊下的基础地是平的,而"大窝凼"这圈梁基础下,是一个至少 60 度的斜坡,四面的斜坡全往"大窝凼"的凼底奔去,而凼底到圈梁基础桩的垂直落差,少说也有上百米。

怕,程祖泽是不怕的,作为生长在这一带的穷人家的孩子,他很早就习惯于行走在悬崖绝壁上了。那样的行走,老一辈人们把它叫作"讨生活"。生长在像桃源洞这种环境下的小孩,不会在悬崖绝壁上"讨生活",就预示着将来的生活可能难以为继。

一生最自豪的事情

程祖泽悄悄地打了一会儿颤，才硬着头皮把头伸出转运车操控室窗外。窗外是热火朝天的FAST项目建设工地，人和设备都有条不紊地忙碌着，只有他还在发愣。

愣，自然是不能再发了，再发，眼下这岗位就和他没关系了。他定了定心神，像之前考证时一样，按操作规程一步一步操作。

程祖泽先是系好安全带，并再三确认安全带系得很牢。接着检查操作台，没有发现异样。最后才合上电闸，给转运车通电，先让转运车在无负荷状况下运行几分钟。

所有操作都有序地进行着，程祖泽在心里给自己竖了个大拇指。

走完一系列运输前的预热程序，程祖泽心情特别好，就像七年前他第一次爬上塔吊给司机取东西时似的。他想让转运车加快速度，但立刻发觉自己的想法不对头，他是负责运送的，这些立马要吊装的反射面板可是组成FAST项目的宝贝，是"天眼"的"眼角膜"，更是他的"命"。

一趟车开下来，算是程祖泽对往后工作的投石问路。第二次开时，他并没有得心应手，但比第一次熟了一些。一而再，再而三，不到一个星期，程祖泽就把转运车开得很熟练了。

熟能生巧。程祖泽在高空驾驶转运车时，竟然用起了巧劲。比如启动，他驾驶的转运车启动时，设备几乎不会发出噪声；再比如制动，他想要转运车停在高空中轨道的什么位置，转运车就能精准地停在什么位置，误差绝对不会超过十厘米。

用上了这样的巧劲，程祖泽每天工作起来心情都非常舒畅。他觉得自己算是找到了用武之地，于是下决心要把自己的工作做到最好。他甚至还想，要是将来再去揽活，就尽量去找类似这种开高空转运车的活儿干。

三个月下来，工地上的人都认为程祖泽开转运车已经开得炉火纯青了。正当他自己也这样认为，甚至有些得意忘形的时候，项目组却让程祖泽换了岗位。

程祖泽新换的岗位是开塔吊。他最初得到通知时跃跃欲试，心里想：不就是开塔吊嘛，我七年前就开过。然而，当他来到塔吊操控室时，现实给了他狠狠的"一耳光"。

程祖泽之前开的塔吊，操控台一共就只有一把闸刀和六颗按钮，操作简单得很。过程无非就是先通电，然后前行或后退，或是提升或是降落，或是停止。而眼下这塔吊的操控台，按钮多得如天上的星星，他一下子就被眼前这么多的按钮搞懵了。

是硬着头皮撑下去呢，还是马上就打退堂鼓？此时的程祖泽心里着实不好受。退却必然是永远失去机会，硬撑下去就得使出浑身解数。

程祖泽突然就回忆起小时候去悬崖绝壁上采草药的那次经历。草药长在悬崖绝壁上，他得把那株草药采回来，拿到克度镇卖掉后换一支笔或几个本子。他顺着崖壁慢慢爬过去，一只手抓着崖上的树桩，另一只手刚要伸到草药边时，一只脚下踩的石头"哗"地松了。石头这一松，就让小小的程祖泽面临生死的选择。他要么死死地抓牢树桩，寻找生机，要么撒手，粉身碎骨。

程祖泽坚毅地选择了生。说来也神奇，他居然还把那株草药也采回来了。

5

风和日丽，大山静谧，"大窝凼"迎来了又一个历史时刻。

只见程祖泽调动塔吊位置，塔吊伸出长长的吊臂，从转运车上接过反射面板，平稳地转交给缆索吊。在搭档陈国志的默契配合下，程祖泽缓缓放下缆索，成功将最后一块反射面板稳稳地送到安装点上。

整个操作过程一气呵成。

数百名科技人员和工人在 FAST 项目四周的工地上，目睹这一庄严时刻。随即掌声、欢呼声响起，上千只彩色气球飞向蓝天。

FAST 球面共由 4450 块反射板组成，这是"天眼"探望宇宙的眼睛，其中有一千多块是由程祖泽吊装下去的，占整个反射板吊装数量的四分之一。

FAST 主动反射面单元最后一块面板的吊装是由程祖泽完成的，也是他为整个吊装工作画下了圆满的句号！

吊装完毕，程祖泽稳稳地坐在操控椅上，全身放松，并把头抬起来，看着操控室的顶部。

程祖泽长长地舒了一口气，放下了一直压在心头的那块石头。此时的他异常冷静，坐在操纵椅上，一点点回忆着吊装反射面单元的往事……

今天是 2016 年 7 月 3 日。

上午 10 点 47 分，他熟练地系好安全带，完成规范操作准备后，徒手爬上距离地面 70 米高的操控室，开始一天的工作。中国科学院国家天文台台长严俊手握话筒，仰望高高的塔吊，发出最后命令："FAST 主动反射面单元最后一块面板，起吊！"

昨天，程祖泽接到项目指挥部的通知——最后一块反射面单元的吊装，由他来操作完成。

再往前，程祖泽忆起了第一次进这操控室，当时他看到主控制室那么多复杂的按钮，脑袋一下子都懵了。然后他就跟班学艺，在师傅耐心的带教下，仅用了几天，就掌握了操作缆塔吊的全部要领。

程祖泽还回忆起这些年遇到的许多突发状况。比如有一次工地突然停电，塔吊缆索四轮抱死，立在高空的操控室晃动得厉害，他为自己、为设备捏了一把汗。还有一次随动小车出现了故障，他只得停下来，故障原因是缆绳绷得太紧，同事在下面就帮他踢了一脚，小车却突然摆动出好远，缆索吊晃得特别厉害，就像一下子发生了地震一样。

问题每次都顺利解决了，每次都有惊无险啊……程祖泽从回忆中走出来，然后解开安全带，打开操控室的门。他在 70 米的高空完成了指挥部赋予的使命，现在他得从空中回到地面。

6

程祖泽没有想到，这一生他会那么幸运，更没有想到自己与鲜花和簇拥会有关系。

各路媒体人抱着鲜花向他围过来，闪光灯持续地闪着。

程祖泽面对鲜花和闪光灯一点也不适应——鲜花让他羞怯，闪光灯让他睁不开眼。

他想，鲜花和闪光灯应该属于 FAST 项目的所有建设者，这些建设者包括天文学家、工程师，还有如他一样的农民工等。

所以当各路媒体采访他，准备给他冠以"塔吊专家""高级技师"的称号时，他只淡淡地说了一句："我只是一名土生土长的农民工。"

各路媒体不敢相信这是真的，但这就是事实，千真万确！

有记者问程祖泽："此时有什么感受？"

程祖泽开心地说："压根都没有想到，今天最后一块反射板居然是由我放下去的，我感觉这是蛮开心、蛮自豪的一件事情。"

"那接下来的打算呢?"记者们又追问。

"虽然离家很近,但好久没有回家了,打算回家看看父母、妻子和孩子。"程祖泽平静地说。

仰望星空忆"南老"

刘安军

每当星光灿烂时,张智勇总爱抬头仰望星空。在浩瀚的宇宙中,有着"黔南星""平塘星"这两颗以黔南布依族苗族自治州地名命名的小行星,这是中国科学院国家天文台对当地人民为"中国天眼"艰苦奋战二十多年的最高嘉奖。同时,张智勇还深深地相信,茫茫夜空中一定还有着一颗闪亮的星星——南仁东!

再过两天,2022年9月15日,就是南仁东逝世五周年的日子。张智勇在心里默默怀念着这位可亲可敬的"南老师"。他始终认为,"南老师"一定在星空中的某个地方,深情地注视着黔南这片土地,关注着他的工作和成长。

大国重器落户平塘,使这个山区小县的历史翻开了崭新的一页。参与"中国天眼"的选址和建设工作,让张智勇有幸和南仁东结缘。

二十六年来,他从工作员、副乡长、副县长

到常务副县长，再到州天文局局长、大数据管理局局长，工作岗位始终与"中国天眼"相关。他对南仁东的称呼，从最初的"南台长"到"南老师"，再到和FAST项目部的人一起尊称他为"老爷子"，他们在工作中结下了深情厚谊，成了忘年交、老朋友。

初识南仁东

1995年10月，"中国天眼"选址科学考察队到达平塘。当时，张智勇在县政府办公室当秘书，参加了接待工作。那年他二十六岁，南仁东五十岁，那是他第一次见到"南台长"。

"个头不高，皮肤黝黑，人很精神。"这是南仁东留给张智勇的第一印象。当时，南仁东组织了国内外很多天文专家来考察，开启了中国天眼在平塘县的选址计划。

当天考察的是距平塘县城不远、名叫熊桥的候选台址，张智勇的任务是陪同考察团并兼任向导。他边走边好奇，为什么这些大科学家会来考察这些山旮旯？他找准机会凑上前去问一个专家，专家哈哈一笑，说："这个考察点可不简单，是过三关才入选的，先是通过遥感最初圈定一千多个点，然后从中找到适合建造平方千米阵列射电望远镜（SKA）的洼地391个，最后经过筛选，保留峰距在300～600米的洼地71个。"专家的解答让张智勇很吃惊，三百多个候选台址，每个台址基本都在深山老林里，考察团就这样带着地图奔波在全国各地，很是辛苦啊。

下车后，他们还有3公里左右的山路要爬。说是山路，但实际上本没有路，临时安排人员用镰刀砍出来一条毛路。山比较陡，每个人拿着一根当地村民送来的竹手杖，深一脚浅一脚地往上爬。路上到处都是荆棘和灌木丛，走起来很费劲，一身汗水不说，衣服也挂破了，但是大家精神都很好。南仁东走在队伍前面，边走边和大家开玩笑："没有路也要闯，鲁迅先生说过，'走的人多了，也便成了路'嘛。"

后面张智勇回想，还真是这样，后面的路就是与"天眼建设工程"有关的人长年踩踏出来的。

随后几年，500米口径球面射电望远镜进行密集选址。这期间，张智勇从县政府办公室调到平塘县卡罗乡任副乡长，考察团多次到卡罗乡境内的几个候选台址蹲点，了解无线电监测情况。作为乡干部，张智勇因为要配合做好向导、后勤等工作，所以逐渐和南仁东熟悉起来。南仁东最开始叫他"小伙子"，后面叫"小张"，最后改成"智勇"。蹲点监测很辛苦，每当监测结果出来显示无线电磁环境良好时，南仁东都会露出会心的笑容。

相处时间越长，张智勇越感觉南仁东不像个科学家，倒很像一个普普通通的工人。南仁东常年着一身牛仔衣，平易近人，没有架子，非常和善，与大家打成一片，吃在一起，住在一起。有一次，张智勇陪同考察团到一个名叫桃子冲的地方考察，正值南方的初冬时节，当天气温很低，为了等无线电监测结果，南仁东谢绝了回乡政府吃饭的安排。

南仁东对张智勇说："小伙子，你们去找些柴火来，你看老乡们送来的这些糯米粑和土豆多好，我们烤熟了当午饭。"张智勇觉得过意不去，有些迟疑。南仁东哈哈一笑，站起身来说："走，大家拾柴火去，自己动手，丰衣足食！"说完就带头钻进了树林中。不一会儿，炊烟缭绕，火堆中的土豆香气飘来，树枝上的麻雀似乎受到了诱惑，又叫又跳。大家边吃边聊，好几个成了"大花猫"，空气中弥漫着欢快的味道。

远方的来信

有一次南仁东在卡罗乡考察时遇到了放学的孩子们。孩子们单薄的衣衫、可爱的笑容，触动了他这个 1963 年"吉林省理科状元"的心，让他想起了自己孩童时那段在雪花飘飘、寒风凛冽的天气中上学的岁月。

1996 年 5 月，张智勇收到南仁东寄来的一封信，用手一捏，感觉比普通纸张要厚一些。他拆开一看，信笺中夹着 500 元"巨款"，这相当于张智勇当时好几个月的工资。南仁东在信中提到，他下乡看到农村有的家庭还很穷，孩子们上不起学，便寄些钱过来，委托张智勇寻找合适的学生，用这些钱资助他们上学。

看完来信，张智勇百感交集。一是感动，他心想这样一个大科学家，整天在忙科研、忙大射电望远镜的事，心里还牵挂着山里的孩子们，惦

记着孩子们读书,真是不容易。二是又有些困惑,科学家怎么这样粗心,不通过汇款的方式,而是把钱直接装信封里寄,后来转念一想,爱因斯坦都把手表当鸡蛋煮过,也就理解了。

  此后,南仁东多次寄钱资助贫困学生,直到孩子们中学毕业。2003年11月,张智勇再一次收到南仁东寄来的信,信中感谢孩子们给他写信汇报学习情况,同时,希望张智勇继续帮忙物色合适的学生给予资助。这次他一下子寄了1200元,不过是通过汇款的方式。此时张智勇已经到县里工作,他把钱托付给共青团县委书记宋恩贵,叮嘱他一定要安排好,并结合"希望工程"物色好资助家庭。

  孟忠秀便是其中一名学生,她后来才知道,每年给自己家寄钱的人

群星璀璨——中国天眼背后的人们

仰望星空忆"南老"

是一名科学家。当时父母只跟她讲:"你要好好读书,走出了大山才对得起资助你的好心人。"孟忠秀深深地记住了这句话。当时她还在读初中,想考上大学,有一份工作,有一天能见到那个从未谋面的好心人,当面向他/她说一声"谢谢"。孟忠秀大学毕业后,通过考试如愿以偿地成为一名乡镇干部。2019年,当她终于打听到资助她的好心人是谁时,那个好心人却再也等不了她……

如今,孟忠秀被调到龙里县委党校任副校长,她所能做的,就是在深蓝的夜幕中,仰望闪烁的群星,追寻心中那颗璀璨的明星,沿着他的精神轨迹,把背后的故事大声说出来,教育和激励更多的人。

2017年12月8日,"时代楷模"南仁东先进事迹报告会在人民大会堂举行,张智勇被选为讲述人之一。他在讲述中饱含热泪地说:"南老师是大天文学家,他不只仰望星空,也时刻惦记着我们贫困山区的老百姓……"

会上7名被资助的学生讲述了7个故事。虽然这些故事都很平凡,但因为这份大爱,南仁东长期资助贫困学生的故事历久弥新。

情洒"大窝凼"

中国天眼的选址是一个漫长且艰难的过程,犹如大海捞针。从1994年到2006年,这一选就是12年。这期间,南仁东和团队战友翻山越岭,跑遍了贵州大山里的所有备选洼地。

2003年3月，张智勇升任平塘县政府副县长，此时中国天眼选址进入关键期，但被确定为重点候选地址的不止平塘县，最终能否落地平塘还是未知数。专家分析，平塘地处边远，交通不便，但优势是无线电磁环境好，洼地大，更有利于科学研究。

为争取项目落地，平塘县成立了大射电望远镜项目建设协调领导小组，在县科技局下设办公室，张智勇担任办公室主任。小组任务是围绕天眼的落地，积极与中国科学院国家天文台沟通，为选址组做好交通、生活、考察等各方面的服务和保障。

态度决定一切，平塘县能做的就是用行动体现诚意。张智勇对同事们说："我们尽最大努力把该做的做了，成不成今后都没有遗憾。"为了方便科学家到"大窝凼"进行测试、勘探，平塘县广泛发动群众，硬是把"大窝凼"这个"三不通"变成了"三通"。从县城通往"大窝凼"沿途乡村的群众自发投工投劳，在政府提供少量炸药支持的情况下，用铁镐、大锤和钢钎，仅仅28天就在苍莽的群山深处劈出了一条7.8公里长的能通车的毛坯公路。

县里筹资40万元，在"大窝凼"垭口修了一幢120平方米的科学考察用房。房子建成后，首先面临的问题就是基本水电的保障。"大窝凼"垭口地势较高，引水是个难题，解决问题的关键是找到合适的水源。为了找到水源，张智勇带领同事走遍了周边的山头。有一次，听村民讲附

群星璀璨——中国天眼背后的人们

近有一个凹地水源应该可以，张智勇就请村民带路，准备去看看。南仁东听说后非要一起去，他说："我今天没有什么事，陪你们去。"经过大家的努力，终于引来了甘泉，建起两座 30 立方米的水池，并拉通了临时供电线路。有房、有水、有电，还有一个天然大氧吧，专家们开玩笑说，我们住的是高级别墅。

"所做的一切，都是希望抓住这样一个千载难逢的机遇。"张智勇说，"全县干部群众都很清楚，除了无条件支持国家重点工程，这个项目带来的社会效益和经济效益将是巨大且持久的！"

2003 年 10 月 21 日，南仁东和澳大利亚天文台台长来到平塘考察，

他们此行的目的很明确，就是考察更适合容纳500米口径"大家伙"落户的洼地。

这次考察仍由张智勇陪同，他带着考察组又一次走进"大窝凼"。虽然职务升迁了，南仁东仍亲切地叫他"智勇"，一路上听他说起平塘争取天眼落地所做的工作，不住地发出感慨："智勇，你们辛苦了！"

爬了一身汗，马上又要往下走，得歇口气，众人爬到"大窝凼"垭口，这是村民们默认的歇气场。只见一棵大柏松傲然耸立，把阳光遮挡得严严实实，树下有一个土地庙，上面挂满了当地群众许愿时留下的布条、纸符等。众人寻得一个干净处坐下，凉风习习，很是惬意。往下看时，"大窝凼"是个漏斗形天坑，像一个天然巨碗，四周青山环抱，远处群山连绵。大家沿着十分陡峭的山路小心翼翼地往下挪步，走到一眼望得见的窝底足足花了半个小时。

来到窝底，古树参天，繁花招展，一口水井流淌出清澈的泉水，几排灰瓦木屋陈列其中，鸡犬之声不绝于耳，犹如来到了世外桃源。偶尔碰到村民，他们中有的认识南仁东、张智勇几位"常客"，笑着招呼去家里坐。在他们看来，这个戴眼镜、留胡子的中年汉子"有点意思"，因为他问的问题常让他们摸不着头脑："下大雨会不会有落石滚下来？""发大水了消得快不快？""这里天气到底怎么样？"

正是农忙时节，村子里在家的人并不多。他们来到杨老太家。杨老太太八十多岁，眼不花，耳不聋，精神很好。杨老太见到客人，赶忙招呼大家坐下，并起身烧了一壶茶。南仁东带着外国专家从堂屋转到厨房，每看一样物件，就用英语翻译一遍。当看到石磨子时，想了半天也找不到合适的词汇，只好用拼音代替。大家坐下喝茶时，南仁东关心老太太："你家几口人？""生活怎么样，粮食够不够吃？""孙子读书没有？""需要的商品去哪里买？"

坐了一会儿，专家们便开始工作。南仁东看到水井冒出的水量并不小，就问这些水淌往哪里。张智勇介绍说下面还有一个洼地，比这里还低，洼地有个大消水洞，水都往那里去了。南仁东一听，马上说要去看看。但去那边单程就有二三公里，来回共五六公里，张智勇担心时间不够，试着问："有点远，要不下次吧？"可南仁东认准的事情，哪里能轻易改变？当大家来到底部洼地看到消水洞那大大的"嘴巴"时，南仁东满意地笑了，说："这个好，这个好，可以消化得了！"

那段时间，国内外专家、各级领导纷至沓来，大射电望远镜项目建设协调办公室忙得不可开交。各个大小会议、各种协调事项、各类数据资料让张智勇忙而充实。忙碌之余，他心中仍惦记着在"大窝凼"开展电磁波环境监测、气象监测的专家们，多次到现场看望，后来很多专家和这个随和且真诚的"张县"成了好朋友。

从各个渠道了解到的信息中，张智勇隐隐约约觉察到希望的曙光即将来临，沉睡千年的大山将被现代科技唤醒。他带领同事们更加努力且细心地开展着各项工作。

果然，2006年7月从北京传来喜讯，国家发展改革委员会宣布FAST项目落户贵州平塘！

奋战十余载

如果把大射电望远镜项目建设比喻为"长征"，那么项目落地只是长征的第一步。项目获批、开工建设……后面还有很多路要走，每走一步都异常艰难！

从2006年7月项目建议立项，到2008年10月项目获得批复，仅跨出这一步就用了两年零三个月。从项目获批到2011年3月开工报告获批，又用了两年零五个月。

几年中，南仁东来了又走走了又来，更多时候是像工人一样驻扎在"大窝凼"垭口边上的板房里。张智勇因工作需要偶尔和他见面，但更多的是为建设前期做好筹备工作而忙碌——领导小组要抓紧启动项目建设范围、土地面积、权属、房屋面积等的测量摸底绘图工作。

为摸清底数，县、镇两级抽调建设、交通、国土、规划等部门专业技术人员组建工作队，进驻"大窝凼"开展工作。

第一个难题是"大窝凼"里面群众的搬迁。俗话说，"故土难离"，何况是这个远离城镇的"山窝窝"。居住在这里的群众虽然穷，但他们感觉"窝"在这里习惯了。如何让12户人家搬得出，并且稳得住？是个难题。

听到老家要搬迁，在外省打工的"小杨崽"匆匆赶回来，死活不同意搬迁补偿标准，说外地搬迁补偿标准是如何如何的。张智勇在乡镇工作多年，和群众打交道有自己的一套方法，深知搬迁涉及群众的切身利益，碰到困难是意料之中的事。他和同事来到"小杨崽"家中，和他拉起了家常，听他讲打工生活的酸甜苦辣，聊这些年家乡的发展变化。聊着聊着，"小杨崽"觉得这个"张县"好相处，没有官架子，眼看快到吃饭时间，他便让媳妇抓只土鸡炖了招待客人。张智勇也没推辞，一顿饭下来，困难风吹云散，"小杨崽"乐呵呵地同意了补偿方案。

杨朝明老人当时六十三岁，在"大窝凼""钉"了一辈子，听说要搬家有些不舍。面对领导小组，老人神情有些沮丧。他最后说："我们听国家的……你们想得周到啊，把我们老祖坟也考虑到了，我们搬家，老祖宗也要搬家啊！"

在党员干部耐心细致的工作下，12户人家共65口人举家搬离了"大窝凼"，给"中国天眼"腾出地方。县里为他们建好了新家园，让他们全部入住位于克度镇上的移民安置新居房。孩子读书方便了，大人做生意有着落了，家门口就可以打工了。杨天信用补偿款在镇上开了一家轮胎专卖店，店门口贴着一副对联："旧日子不提也罢，新生活滚滚而来"。

除了群众搬迁安置，修路涉及征地、迁坟等工作，张智勇主持召开各种会议进行妥善安排，并带队到贵州省发展改革委员会就FAST项目征地安置标准、天文科普规划、项目费用等进行汇报，争取更多支持。

有时候人与人的相遇总是在意料之外，张智勇万万没想到，2009年组织安排他到香港培训学习时居然又遇见了南老师。这是张智勇第一次到香港出差，当时是夏天，培训班安排半天到香港海洋公园进行实地考察，当天游客很多，可谓人山人海。张智勇去上卫生间，正低头往前走，突然听到有人叫他，抬头一看，刚好南仁东从里面走出来。他乡遇故知，南仁东显得非常高兴，边笑边说："智勇，你怎么也到这里来了？"听了张智勇的回答，南仁东笑着示意他先去"解决"。张智勇出来时，看到南仁东和时任中国科学院国家天文台台长的严俊站在门口等他，他赶忙跑过去，三人边走边聊。南仁东特别开心，左一个"智勇"右一个"智勇"，左一个"大窝凼"右一个"大窝凼"，带班老师催促了好几次，三人才依依惜别。

2011年3月，中国天眼台址破土动工，拉开了5年建设的大幕。平塘县抽调了上百名干部，专攻天眼核心区域的移民安置、土地征收、水电路基础设施建设等系列工作。张智勇从2009年起担任中共平塘县委常委、常务副县长，分管财政。在经济落后的县，这个管钱的"大管家"不好当，移民搬迁安置、配套设施完善……每一项都需要大量资金。张智勇带着工作人员跑上级、联外援，想尽办法争取项目资金和融资。

那段时间，张智勇去北京成了家常便饭，也去了南仁东在中国科学院国家天文台的办公室很多次。办公室并不大，桌上、柜中堆满了书籍和资料，茶几上、地上则是组装"大天锅"所需的各类配件样品、模型。

南仁东介绍说："智勇，这个是……，那个是……，这些事情我们都在做。"南仁东每次谈起他的那些"宝贝"，总是津津乐道、眉飞色舞，浑身上下散发出一副成竹在胸、指点江山的气概。

除了管钱，还要管事。张智勇分管大射电望远镜项目建设协调办公室，因此中国天眼项目大大小小的事务都需要他协调、拍板。有一次，工程队在修进场公路时，有两户村民在山林认定上出现了纠纷，要求工程队暂缓施工。张智勇听到消息心想，工程一停就会影响总体进度，那可不行。他二话不说放下手上事情赶往现场，听了有关人员汇报，又找到村里了解情况后，和两家谈了两个多小时，双方终于同意补偿方案，握手言和。

中国天眼项目开工建设后，平塘县考虑实施科旅融合，发展经济，规划建设一座集天文科普、宇宙探秘、旅游度假、文化交流为一体的"天文小镇"——航龙小镇。"天文小镇"建设资金需要上百亿元，在各级支持下，平塘县在短时间内硬是把资金筹措到位，航龙小镇的建设便如火如荼地有序开展起来。

2016年9月，在大山腹地已建成的"天文小镇"及"大窝凼"迎来了高光时刻——"中国天眼"的落成！时任中共中央政治局委员、国务院副总理的刘延东在这里宣读习近平总书记发来的贺信并致辞，激动人心的声音响彻FAST台址上空。海内外嘉宾及平塘干部群众数万人云集，共同庆贺。这一刻，全世界的目光齐聚在这里！至此，"追赶、领先、跨越"的 FAST 精神,在这方土地上不断延续,激励着平塘人、黔南人乃至贵州人奋发赶超!

永远的牵挂

贵州省黔南州对中国天眼项目极其重视。2014 年 10 月,黔南州天文局成立,张智勇任局长。即将离开生活了几十年的地方,特别是离开在"大窝凼"、在"天文小镇"一起奋战的老朋友们,张智勇心有不舍,往事历历在目,酸甜苦辣涌上心头。组织上找他谈话,离开平塘到天文局工作,也是用另一种方式服务"中国天眼"。

天文局是个新单位，大家都是新兵，一起一边干一边摸索。经过调研，逐渐厘清思路后，张智勇发现天文局有很多事要做：一是要为中国天眼项目建设保驾护航；二是要提前谋划中国天眼项目建成后的环境保护；三是要依托项目发展天文经济；四是要对外开展天文交流合作。

静默中的 FAST，需拒绝太多尘世的纷扰！张智勇和班子成员分析后认为，当务之急是 FAST 核心区移民搬迁。项目地周边 5 公里内核心区涉及 1794 户 8097 人，要整体搬迁不是一件小事。通过多次汇报和建议，2015 年 9 月，省、州下定决心开展 FAST 核心区移民搬迁工作。

2016 年初，张智勇兼任 FAST 配套项目工作落实委员会办公室主任，办公室通过督促指导、现场协调，加快推动惠罗高速、独平高速、平罗二级公路，以及平塘国际射电天文科普旅游文化园、观景台、游客中心、天文科普体育馆、星辰酒店等重点配套天文旅游项目的建设。同时，协调省、州无线电管理局及平塘县政府，设立核心区电磁波监测站并指导黔南民族师范学院抓好院士工作站建设，黔南民族师范学院因此开办了天文学专业。

2016 年 9 月的一天，张智勇到 FAST 项目施工现场了解施工进度，负责台址建设的张蜀新总工程师对他说："你知不知道，老爷子在上面！"

张智勇疑惑地问："不可能哦，他不是生病住院了？"

张蜀新叹了一口气，应道："就稍好一点，非要过来。"

张智勇沿楼梯冲上板房二楼,朝南仁东房间走去,站在门前叫了一声:"南老师!"

南仁东的夫人缓缓打开房门,只见南仁东坐在床边。板房很简陋,只有五六平方米,放着高低床。外面飘着小雨,雾气很大,屋里显得潮湿又阴暗。

见到张智勇,南仁东露出惊喜的笑容,但说话声音沙哑且低沉。他说:"智勇,FAST马上要竣工了,还有很多事要做。放心不下,我过来看看。"接着他咳嗽了几声,又说:"为了项目,贵州付出这么大,花了这么多钱,如果哪里没搞好,对不起贵州、对不起黔南人民啊!"

听着南老师低沉且沙哑的声音,张智勇努力控制住眼中打滚的泪水,应了两声。虽然声音沙哑,体质虚弱,南仁东还是不停地说、不停地问,最后说:"这次过来看到沿途城镇的变化很大,我很高兴。搞点旅游好,有就业机会,群众能增收……咳——咳——很好。"

张智勇担心他的身体经不起长时间说话,问候后就离开了。走出板房,张智勇环顾四周,蒙蒙细雨遮盖着山岭,即将竣工的"中国天眼"在雨雾中闪闪发亮……

2016年9月26日,是"中国天眼"竣工试运行的大喜之日。此时南仁东病情已经相当严重,然而,他却坚持着参加完竣工典礼。虽然头发愈发花白,声音愈发沙哑,但看得出,他是最开心的那一个。毕竟历经千辛万苦,亲手种下的种子,今天终于结果了,那份欣慰、畅快、满足和自豪，他是感受最深的。

张智勇怎么也没有想到，那天的一别，竟成为永远！

从那次以后，张智勇都是从新闻报道和天眼项目部科学家们口中知道南老师的一些情况。2017年春节前，张智勇到北京出差，给南仁东带了一点家乡的茶叶，因忙于赶回贵州，没能亲自去南仁东家里，便委托别人捎了过去。飞机降落贵阳机场时已是夜间11点，张智勇给南仁东发了一条短信，说明了送茶叶的心意，希望他早日康复，并转达了大家对他的牵挂。很快，南仁东回复："非常感谢智勇，感谢大家，感谢贵州人民这份永远的牵挂！"南仁东去世后，这条短信，张智勇看了又看，想删又舍不得，每看一次，心底的酸楚就涌上来一回。他感到非常遗憾，甚至有些自责，当时应该想尽办法去看一眼可亲、可敬、可爱的南老师。

2017年9月15日23时23分，"中国天眼之父"南仁东不幸病逝，享年七十二岁。当时张智勇一个专家朋友打来电话，"老爷子走了……"，五个字犹如晴天霹雳，让张智勇心中一沉，脑子一片空白，半晌才缓过神来，满脑子都是老爷子的音容笑貌。想起相识那年老爷子才五十岁，他们一起在山坡上烤土豆；想起每次收到他夹着现金写着"张智勇亲启"的信封；想起他拄着竹手杖，一步步走下"窝底"的背影；想起他眉飞色舞地在办公室介绍那些"宝贝"……张智勇顿感胸闷难受，泪水再也控制不住。

"中国天眼"就像为南仁东而生，也燃烧了他最后二十多年的生命，但他的精神激励着许许多多的人，服务"中国天眼"26年的张智勇就是其中一个。南仁东，这位德高望重的老科学家，几十年来深深地感染和激励着张智勇，不论他在县、乡工作，还是到州里工作，南老师身上那种朴素宽厚、淡泊名利、待人诚恳、胸怀全局、鞠躬尽瘁的精神品质，始终成为他干一行爱一行，不畏险阻、勇往直前的力量源泉。

转眼间南老师离去6年了，每当张智勇仰望星空，总感觉南老师也在凝视着他，凝视着贵州、黔南这片他深爱的土地。

怎样让有限的生命增加它的广度和深度？南老师当年写下这样的诗句，做了很好的回答：

"感官安宁，万籁无声。

美丽的宇宙太空

以它的神秘和绚丽，

召唤我们踏过平庸，

进入它无垠的广袤。"

用责任织密"防护天网"

韦昌国

在"中国天眼"建成以前,美国1963年建成的阿雷西博305米口径射电望远镜是世界上最大的地面天文学装置,自建成以来成绩斐然:参与阿波罗登月计划,首次发现脉冲星双星系统并间接证实爱因斯坦预言的引力波存在,等等。

2020年12月,由于遭受台风袭击和维修滞后等原因,阿雷西博望远镜意外倒塌。这次事故宣布了"阿雷西博时代"的落幕。

阿雷西博望远镜毁于自然灾害的教训,使得气象服务保障在"中国天眼"建设前期、中期、后期的意义凸显出来。事实上,任何重要工程项目的建设,气象要素的可行性论证是第一基础和先决条件,而工程项目建成后的气象服务保障,又是其安全保障的重要组成部分。

黔南州气象局曾经承担为龙滩水电站建设收集气象资料的任务。这是国家实施西部大开发和

用责任织密"防护天网"

"西电东送"的重点工程。1987年,黔南州气象局从全州抽调20名业务骨干,在环库区的20个点收集气象资料,蹲点工作历时一年,最终圆满完成了任务。龙滩水电站年发电量187亿千瓦时,曾是仅次于三峡水电站的亚洲第二大水电工程,为黔、桂两省的经济社会发展做出了重大贡献。

十余年后,重大使命再次落到黔南气象人肩上——为中国即将建设的500米口径球面射电望远镜提供气象服务。

机遇千载难逢,同时也意味着黔南气象部门面临着新的考验。

这次任务和1987年不同,服务FAST项目建设是一个漫长的过程,除了前期气象资料收集、提供论证资料,还包括项目建设中后期气象服务保障。其中的重点是灾害性天气预报和防范,尤其是对冰雹的防御,以保证"中国天眼"的安全和稳定运行。

历时22年,"中国天眼"从立项、选址、建设到竣工,贵州省、黔

南州、平塘县派驻的气象精兵寒来暑往地奋战在大山中的气象观测点、高炮防雹站、人工降雨火箭发射场,沐风栉雨,坚守阵地,克服了很多难以想象的困难,一次次圆满地完成了任务。

历时22年,平塘县气象局的局长换了六任,他们是颜可贵、张开、张进、焦爱平、赵兴文、岑剑。如今,当年的小伙子步入中年,当年的中年气象员已面临退休,老年同志有的已经离开人世。但是,他们像参加接力赛一样,前赴后继,用一丝不苟的职业精神、勇担使命的坚韧意志,圆满完成了各项任务,受到中国天眼项目部和社会各界的好评。和无数为"中国天眼"默默奉献的奋斗者一样,气象人的精神共同构筑了"大射电精神"的历史丰碑,大国重器的建设过程中流下了气象人辛勤的汗水!

1. 选址前夜

"中国天眼"的选址是一个漫长且艰难的过程。

1996年首次发现平塘"大窝凼";1999年3月,中国科学院知识创新工程首批重大项目"大射电望远镜FAST预研究"启动,南仁东任首席科学家……

南仁东等科学家将目光逐渐聚焦到平塘是1998年以后。当时,年轻的颜可贵任平塘县气象局局长。那时候,"FAST"对普通人来说还是一个非常陌生的英文词组,"大射电望远镜"到底建在哪里还没有定论,仅国内就有几十个经过筛选留下来的选址,而平塘县内就不止一个,如今名闻世界的"大窝凼"只是当时重要备选地之一。

颜可贵说:"大射电望远镜项目是否落地平塘,甚至是否落户贵州,都还是未知数,但是气象服务需要超前,以便在作决策时提供参考依据。如果气象环境不达标,或者因为资料论证失误,再好再大的'窝凼'也可能被舍弃,所以在选址确定之前的几年,气象部门的服务工作就要开始了。"

气象服务分两部分:一是提供历史气象资料和咨询;二是派出气象员蹲点收集气象资料。当时,在平塘境内有"马坡""大窝凼"两个备选点,气象局派驻气象员在两个点开展蹲点观测、收集气象资料工作,为论证备选地的可行性提供依据。

为了做好马坡备选点的气象数据观测工作,1998年至1999年,颜可贵带领局里的刘劲松、黄常军两名同志,在山上设置的气象观测点蹲点,对马坡洼地进行了冬、夏两季共四个月的观测,主要观测记录了山顶与洼底之间的温差和洼地阴风的形成情况。

通过对这次气象观测数据和其他地质资料的论证,"马坡"最终被舍弃。选址工作还在艰难探索中前进,颜可贵被调到黔南州气象局工作,平塘县气象局局长由张开接任,平塘县气象局的工作人员仍继续为选址做着气象观测和资料收集工作。

FAST 项目拟选址平塘县"大窝凼",但还需要进一步考察和论证,包括地质环境、气象要素等。1996 年南仁东第一次率队考察"大窝凼"时,特意问过村民,每年下暴雨时洪水流到哪里,房屋和稻田是否被淹过,并多次下到"大窝凼"底部考察村民说的"消水洞",可见他对气象因素的重视。

FAST 项目拟将"大窝凼"定为重要候选地后。张进深知肩负的重任,但也充满了信心:"这次目标更明确了,虽说还是拟选站址,但只要地质、气象等因素达标就定了,所以我们更加不能松懈!"

被选中的"大窝凼",位于克度镇西部十余公里的大山中。这里是大山深处，崇山峻岭中散落着一些小村落，包括"大窝凼"底部住着的 12 户人家。通往这些村落只有陡峭的山道，不通汽车。

接到为 FAST 项目建设服务的任务后，黔南州气象局召开紧急动员会，全州相关业务骨干齐聚都匀。时任黔南州气象局局长的丁晓红强调：此次气象服务责任重大，必须高质量完成，举全州气象系统之力，抽调精兵强将充实到"大窝凼"开展现场气象数据观测；由分管领导杨水泉带队进驻"大窝凼"，全力以赴做好后勤保障工作……

会议结束后，张进迅速返回平塘，并立即向副县长张智勇汇报相关情况。张智勇得知情况后兴奋地说："自 1994 年开展'大射电'选址以来，平塘县一直都在备选名单中，气象部门多次在几个拟选站址开展气象数据观测。此次能通过专家科学筛选，是近十年来最鼓舞平塘人民的好消息，也是最接近目标的一次。气象部门要科学精准地观测好每一个数据，县科技局配合做好相关工作。"

当天张进回到局里时已经是晚上了，当即召集全局干部职工开会。当他把这个消息告诉同事们时，大家一阵欢呼，都摩拳擦掌表示准备大干一场，但是一听说要派出人员蹲点收集资料、开展大量的气象资料论证服务等工作后，大家都变得沉默了。因为，全局包括局长、副局长只有 6 人，每天的常规业务是气象观测、气象预报和资料服务等，而汛期即将到来，现有人员实行轮班制，有时一个"萝卜"要管几个"坑"，现在还要"额外"完成这样重大的任务，显然是一个前所未有的挑战。

张进接着传达州气象局的工作要求："此次气象数据观测的地点是呼声最高的克度镇'大窝凼'，要在'大射电'站址的垂直剖面上选择3个点观测记录数据，每6小时一次，全年要完成春、夏、秋、冬四季的数据观测和记录……"

看大家都默不作声，张进接着说："省气象局山地环境气候研究所将派专家和设备来支援我们，此次观测到的数据将会对'大射电'选址和将来的建设提供决策参考，我们除了参战，还要负责做好后勤保障服务。"

听说省局要派专家团队来支援，大家稍稍松了一口气。会上的讨论开始热烈起来，讨论的焦点集中在两大方面：一是利用历史资料进行论证；二是收集"大窝凼"附近的气象资料，提供给项目部。

副局长焦爱平说："这两项工作仅仅是气象服务的第一步。我们要把困难考虑得全面一点，并要有一些预案。"

会议最后决定：鉴于目前正在备战汛期，人手紧张，故请求省气象局、州气象局派人支援；选派熟悉本地天气情况的业务能手石文俊同志参与气象数据观测，与省气象局、州气象局派来支援的2人分别驻守"大窝凼"垂直剖面上的3个观测点，开展为期一年的资料收集；由副局长焦爱平统筹做好后勤保障工作；留守在"家"值班的同志，负责提供气象资料论证服务。

"这是国家重点工程,是重大政治任务,人员再少,条件再艰苦,也要保证完成任务!"张进以这句话结束了当晚的会议。

2. 深山蹲守

几天后,贵州省气象局派出了山地环境气候研究所的精兵强将,所长吴占平带领3名业务骨干进驻平塘。

为了科学精准地收集气象资料,吴占平带队进入克度镇的大山中勘察地形,每天背着仪器在"大窝凼"附近几个山头反复攀爬,目的是通过比较后选择最合适的观测点。其间,平塘县气象局负责做好后勤保障和配合工作。

焦爱平说:"崇山峻岭,山道崎岖,每天攀爬于其中会耗尽体力,有时甚至累瘫在地上。这些困难,不是亲身经历很难想象。经过一个月反复比选,鞋都走破了两双,我们最终选择在大山的山脚、山腰、山顶设置三个观测点,每天24小时按时同步开展观测,收集气温、气压、湿度、风向、风速、降水量等气象资料。"

蹲点观测工作,时长为一年,经历春、夏、秋、冬四个季节,每个季节观测记录一个月。这和1987年黔南州气象局为龙滩水电站收集气象资料时的要求相同。但不同的是,当时从全州调集的20名气象员,吃住大都安排在观测点附近的村民家中;而这一次,观测点全在大山中,蹲守的 3 名气象员住的是简易帐篷，是真正的单兵作战。

为了确保能准时观测记录，保证资料收集的完整性、真实性，气象局在部署任务时，采用了当年为龙滩水电站收集资料时的制度，规定蹲守观测点的同志除了必须严守各项工作规定和职业道德规范外，还有若干条"不准"，其中一条是"不准生病"。因为县气象局人手太少，如果有一名同志生病了，她/他的工作很难找人接任。再如，在工作时必须穿长筒水胶鞋，这是为了防蛇咬。在野外深山工作时，除了有遭遇风雨雷电的风险，日常会面临的还有"三多"——蚊子多、蚂蚁多、蛇多，必须严加防范，确保自身安全。还有，为了保持联络，规定三名同志每天晚上要用手电筒互相"打灯语"，这也是当年摸索出来的经验，一是保证统一行动，二是沟通信息，同时也有互相"报平安"的意思。

驻守深山，每天还要准时准点进行观测和记录，3 名气象员的工作和生活条件异常艰苦。除了工作，吃饭是一件大事，但又是一件难事。由于山上缺水、无电，加上野外用火有风险，3 名气象员每天的饭食都由附近一户村民煮好，用背筐背着分别送到各个观测点。这样虽然方便，但吃得也实在太简单，每天工作到凌晨饿了时，只能吃几块饼干充饥。石文俊说："那时边远的小县城和农村很少有方便面，即使有也没有开水泡。"由于经常吃饼干，几个月下来，他们一看到饼干就直反胃，即使几年过去，家里都没有再买过饼干。

野外蹲点最难最苦的时候是夏季和冬季。夏季，大山里气候炎热，

用责任织密"防护天网"

帐篷经过烈日一晒会热得像蒸笼,在里面坐上一会儿就会全身流汗,山里又无法洗澡,甚至找一盆冷水擦身都很困难,一天下来整个人就会发出酸臭味。这种气味更加招惹蚊虫,走到哪里,头上都围着一团"嗡嗡"叫的蚊子,脸上、手臂上被叮咬得满是红肿的包,痛痒难忍。如果遇到暴雨天气,雷电交加,大风吹得人睁不开眼睛,这时候进行观测记录是具有一定风险的,但为了保护仪器安全和保证记录完整,气象员根本无暇顾及,往往整个人被雨淋透,只能借助体温慢慢捂干衣裤……

提到防蛇,罗林勇至今还心有余悸。有一次凌晨两点观测,他从观测点完成记录回来,钻进帐篷准备休息时,人还没躺下,就听到耳边传来"嘶嘶"声,用电筒一照,发现一条全身带花斑的大蛇不知何时钻进了帐篷,正昂着头朝他吐信子。罗林勇立马全身发麻,手足无措,脸上

的肌肉不自主地抖动起来。他一动不动，和蛇对峙了好一会儿，那蛇也许是受到电筒光的刺激，感到了危险，慢慢从帐篷口"溜"了出去。罗林勇一身冷汗，连忙用对讲机通知另外两名同志注意防蛇。从那以后，他们凡是离开帐篷一步，都要仔细把帐篷门的拉链拉好，平时也定时检查帐篷是否出现破损。这是他们蹲守一年来自己增加的规定，他们自己说是"保命原则"。

一年很快过去了，气象部门科学精准的工作态度得到了回报，大射电项目部传来消息：通过气象论证，"大窝凼"各项指标合格！

3. 海量数据

2011 年，FAST 项目开工建设后，焦爱平已经接任平塘县气象局局长两年了。回忆起当年，他说："那时候我们最'压头'的工作，就是提供气象资料论证服务。气象要素论证，主要针对危害'中国天眼'安全的灾害性气象指标，包括冰雹、大风、暴雨、洪水、雷电、凝冻六大要素，而分析论证的依据，主要依托历史气象资料。"

平塘县气象站建于 1961 年，最早的资料也只有四十多年前的。同时，平塘县气象站位于县城边，与 FAST 台址的海拔、地形地貌等差异较大，导致现有的历史资料代表性不强，必须对每一项气象要素进行相对精准的修正。

用责任织密"防护天网"

这是一项艰苦而细致的工作，并且是历任局长持续不断在抓的工作。处理这些资料不是简单的收集打包，更不是复制粘贴，而是需要进行精细的对比分析和修正，最后形成气象论证报告。焦爱平任局长后，一边组织日常工作，一边自己动手开展资料修正工作。这时正是 FAST 项目建设的前期，需要的资料很多，有时还要得很急。

如今的焦爱平已面临退休，从局长岗位退下来后，他仍然承担着业务工作。他不无感慨地说："那时候不仅需要的资料多，而且要求的时间紧。这些资料有些是现成的，但是关于"大窝凼"的基本没有，根据"大窝凼"的海拔、纬度、环境等因素，除了需要利用本站资料，还要结合周边的惠水、罗甸、贵定等气象局的资料进行综合分析论证。由于资料繁多、要求严格，一个项目的论证报告一般需要一两个月，最快的也要十天半个月才能完成，完成后呈报给省气象局山地环境气候研究所审查，再提供给天眼建设项目部。"

在焦爱平随手列举的资料中，仅从 2009 年 5 月到 2010 年 9 月，就有他亲手完成的《贵州平塘大射电望眼镜项目雷电风险评估建议书》《大射电望眼镜项目自动气象站建议方案》《平塘县气象局基础资料》等数十份资料，其中仅仅是雷电风险评估方案的文字、图表加起来就有 500 多页，前后耗时共两个月完成。形成初步报告后，呈报给贵州省气象局防雷减灾办公室作最后审定。

焦爱平说："这还不包括项目部一些专家临时要求提供的资料，有的是打来电话，要求尽快提供，在'家'里值守的同志就要加班加点尽快完成。"他还透露了一件事：最初FAST项目部考虑自己建设单独的气象站和防雹站，并从国外购买相关仪器，焦爱平还应邀去帮助选点和安装设备，后来因各种原因，项目部否定了这个方案，最终确定"将专业的事交给专业的人做"。

从1998年开始提供气象服务，到2016年"中国天眼"竣工，除了在大山里蹲点收集气象资料，气象人无数夜晚挑灯夜战，经过对海量数据的分析、修正，把一个个气象数据、图表汇聚成一份份气象论证报告，及时送到FAST项目建设指挥部，为决策提供了科学依据。

4. 初战告捷

麻山地区峰峦叠嶂，地形复杂，极易形成强对流天气。而大风、冰雹、暴雨正是强对流天气的产物。尤其是冰雹，往往不期而至，防不胜防，而它造成的灾害也是难以预估的。

为了保障"中国天眼"安全运行，贵州省气象部门精心部署，以FAST台址为中心，在平塘县及周边的罗甸、惠水、紫云、贞丰等县（市）组建了里外三层冰雹拦截网。

地面设置的一个个"三七"高炮防雹站、人工降雨火箭发射站，以及雷达探测、地面观测设备等先进设备和手段，构筑成一张张立体防护

用责任织密"防护天网"

网。这是气象部门为保护"中国天眼"编织的"防护天网"。黔南州气象局人工影响天气办公室主任颜可贵说,保护"中国天眼",就是要"密不透风",确保万无一失。

2016年9月25日,500米口径球面射电望远镜落成启用大会在天文小镇举行。无数人长期的艰苦奋战,终于迎来了这一历史性的时刻。

举行天眼落成启用大会要求不能下雨。这是对气象部门的考验,也是对"防护天网"的一次检验。

当时,岑剑接任平塘县气象局局长还不到一年。她回忆说:"我们接到通知,说大射电望远镜落成启用大会除了刘延东副总理要参加,还有很多中外科学家参会,9月25日下午四点开幕,要求活动现场不能下雨……"

无须更多的解释,岑剑从这简短的通知中,从活动的超高规格上,感到了肩上的千斤重担。这个1998年毕业于兰州气象学校的优秀学生,当年来到平塘县气象局报到,通过多年刻苦钻研,已熟知这里的山地气候,知道风云变幻的一般规律,但是要精确到某日某时某一小块地面不能下雨,这真是太难太难了!

利用高炮防雹和消雨,这是人工影响天气的一种手段,其实也是一种科学实验。科学实验就有可能失败,问题是:他们能失败吗?

更要命的是,9月25日上午,克度镇一直在下大雨,而且没有要停止的迹象,也就是通常说的"满天雨"。气象局的同志们仰头看着天空,从来没有因为"满天雨"这样发愁过。

岑剑说:"好在我们有省气象局、州气象局的支持,各地区共调集了50人,全州11架火箭车全部出动,分别到罗甸边阳、平塘掌布、惠水羡塘三个点驻扎,对克度镇上游西部、西北部的高空进行积雨云拦截,实施火箭消雨。"

黔南州气象局副局长石昌军介绍,人工影响天气的主要目的是消除冰雹、消雨或增雨。目前国内采用两种方法:一种是利用高射炮发射炮弹,另一种是利用火箭发射火箭弹。炮弹和火箭弹里面都有碘化银,在空中爆炸后对水汽产生催化作用,达到影响天气的目的。两者中,消除冰雹用炮弹较好,除了碘化银的催化作用,炮弹在空中爆炸的同时可起到震动作用;而消雨用火箭弹比较好,因为火箭弹里面的碘化银含量是炮弹的10倍,火箭弹发射到空中以后不是爆炸,而是尾翼带着降落伞在云团中飞行,一路上播撒碘化银,这样就增加了凝结核,促使水汽凝结而增大雨量并提前降落,达到保护目标点不下雨的目的。

科学理论固然是这样,但是实践效果如何呢?尤其是刚刚组建起来的气象"防护天网",能经得起这第一次检验吗?

9月25日中午,罗甸边阳、平塘掌布、惠水羡塘三个点的火箭车早已严正待命,指挥员、炮手们坚守在阵地上,静静地等待着指挥部的指令。

与此同时,省(州、县)气象局的三级指挥中心也在紧张工作,通过高空气象资料分析、地面实况观测等信息沟通，寻找最佳作业时间，集中火力解决问题。

这是一场特殊的战斗，其紧张程度绝不亚于真正的战场。驻守克度镇的民兵班长谢志军说："我们点共发射了56枚火箭弹，作业结束后，大家全身都湿透了，身上除了雨水，还有汗水。当时，天空的乌云先是被打薄，后来全部都被打散了……"

谢志军的话，在500米口径球面射电望远镜启用庆典现场得到了印证。

9月25日下午2点半以后，天空的雨逐渐变小了。

3点58分，距离开幕只有两分钟的时候，雨停了！

当主持人宣布庆典开始时，雨后的太阳射出万道金光，照耀着大山中的中国天眼，照耀着庆典台上巨大的横幅："500米口径球面射电望远镜落成启用"。

参加活动的有众多中外科学家：中国天眼工程首席科学家兼总工程师南仁东，因发现脉冲双星而获诺贝尔物理学奖的约瑟夫·泰勒，以及美国阿雷西博天文台原副台长、荷兰射电天文学研究所前所长等。

在庆典上，时任中共中央政治局委员、国务院副总理的刘延东宣读了习近平总书记发来的贺信。

这是一个展示中国科技实力的舞台，这是一个让人振奋的历史时刻。总书记的贺信让庆典掀起了欢乐的呼声。正是在这封贺信里，FAST第一次被称为"中国天眼"。

在现场欢乐的海洋中,气象员们显得更加振奋。他们看着万里晴空,看着盛大的庆典,悄悄互相对视一眼,展露出了会心的微笑:"我们成功了!"

5. 夜间鏖战

"防范冰雹灾害,保护中国天眼,始终是我们工作的重点。"颜可贵介绍说:"贵州是全国冰雹灾害最严重的省份之一,年平均雹日42天,最多达68天,总体上呈现西部多东部少、自西向东随海拔降低逐渐减少的分布形势;主要冰雹源有5个,集中分布在毕节、六盘水、黔西南北部地区,从大的范围来看,主要从西部乌蒙山、北部大娄山脉向南部的苗岭入侵,而平塘县,正处于苗岭南坡的斜面上。"

岑剑说:"平塘县是冰雹灾害多发区,根据气象资料统计,每年雹日49天。大射电所在的克度镇处于冰雹带上,冰雹入侵路径主要有四条,分别从中国天眼台址的西南部、西部、西北部、北部四个方向入侵。"

2016年3月26日,"中国天眼"正在安装镜面反射板时,就遭受了一场冰雹袭击。"天眼"的镜面反射面由4450块小反射板组成,厚度只有1毫米,一个反射面板造价就近万元,遑论其安装成本和科研价值。所幸这次冰雹不大,没有造成大的损害,但FAST项目办公室主任张蜀新事后仍心有余悸地说:"天眼可经不起冰雹侵害。"

这次冰雹袭击加快了气象部门增设防雹点,织密保护"中国天眼"防雹网的步伐。

黔南州气象局制定了《平塘 FAST 台址冰雹灾害应急防御方案》(以下简称"《方案》"),这是一项守护 FAST 的专项防御机制,根据冰雹路径调集平塘、惠水、长顺、罗甸、贵定、龙里六个县气象局资源,建立阶梯式的三级人工影响天气防御联防机制,分别在冰雹路径上设置人影高炮和移动火箭作业点。具体布局和作业方式如下:

方案一:当冰雹从 FAST 台址西部及西北部路径入侵时,一级防御是由长顺县广顺炮站、营盘炮站,以及惠水县三都炮站、惠明炮站、高镇炮站在冰雹入侵路径上游实施防御作业;二级防御是由平塘县大塘炮站、通州炮站对西方实施防御作业;三级防御是采用移动火箭车在平塘克度、塘边实施近距离防御作业。

方案二:当冰雹从站址北部路径入侵时,一级防御是由龙里县羊场炮站,以及贵定县云雾炮站、抱管炮站在冰雹入侵路径上游实施防御作业;二级防御是由平塘县大塘炮站、通州炮站、牙舟炮站对北部实施防御作业;三级防御是采用移动火箭车在平塘克度、塘边实施近距离防御作业。

黔南州气象局的《方案》提出后,得到中共黔南州委、黔南州人民政府的重视和大力支持,仅一年就新增了福泉、贵定、荔波、三都、罗甸等县（市）11 个标准化炮站，2017 年又新增了与 FAST 项目配套的 3 个炮站点，使得全州乡镇炮站标准化率达到 96%。

颜可贵介绍："开展三级防御，全州共有 30 门高炮和 13 架移动火箭随时准备应战，第三级是最后一道防线，设在距离 FAST 台址 5 公里禁射区边沿的平塘克度和塘边。克度、塘边两个炮点是前沿阵地中的第三道防线，每到春、夏冰雹季节，长期值守的是两个民兵班组，每组 3 人，共计 6 人。"

岑剑说："冰雹防御网刚刚建成时，实战效果究竟如何，因为没有经过检验，大家心里都没底。中国天眼落成启用大会的气象保障虽然取得了成功，但那一次是开展人工消雨，不是打冰雹。"

在岑剑的印象中，三级防御体系第一次施展"真功夫"，应该是在 2017 年 4 月 20 日。当天，气象部门一直紧盯的冰雹从西边路径过来，先经过上游的罗甸，然后进入平塘，沿途炮点接到指挥部指令后相继作业，全部取得了成功。

2017 年 5 月 5 日，冰雹再袭黔南，州气象局立即启动三级防御。当时情况十分紧急，根据地面气象监测，上游的罗甸已经出现冰雹。紧挨罗甸的是航龙、光明、塘边、通州几个炮站，这是最后的防线，一旦拦截失败，后果不堪设想。

当天晚上，天空乌云密布，闪电在远处的天空不断闪烁。在克度镇航龙炮站值守的是民兵班长谢志军和何代国、甘仕敏。他们带上手电，穿上雨衣，褪下"三七"高炮的炮衣，打开了炮弹箱，只等指挥部一声令下就启动作业。

此时，闪电撕裂着夜空，映照着翻滚的乌云，轰隆隆的雷声从远处传来。

"这是'拉磨雷'，要下冰雹了。"何代国情急中大喊："班长，要不我们开炮吧，再晚就来不及了！"

谢志军说："不要慌，冰雹离我们至少还有五六公里，开炮要等指挥部的指令。"

何代国说："我看云团都快到头顶了，你咋晓得还有五六公里？"

谢志军说："你看到闪电后，默数十几个数才听到雷声，闪电传播速度是每秒30万公里，声音速度是每秒340米，所以说离我们还有一段距离呢。"

民兵班长谢志军是个勤学好问的人，加入气象防雹队伍后学了不少气象知识，不仅业务熟，作风顽强，关键时刻还能保持冷静。但是看着夜空中骇人的闪电，看着不断翻滚而来的乌云，此时的他也有些沉不住气了。

何代国有些无奈地说："班长你懂的真多，但是老天不一定听你的，万一冰雹降下来，就……"

"轰隆"一声巨响，沉重的"三七"高炮被雷声震得微微颤抖，豆大的雨点开始降落。地面狂风大作，树叶、枯枝、杂草和尘土被风吹得漫天飞舞，让人迎风睁不开眼。

就在这时，指挥部传来了作业指令。

三人迅速进入阵地，按照指令的作业参数调整炮管角度、射击高度并填装炮弹……一系列动作一气呵成。

随着"轰"的一声，炮弹拖曳着火光飞出炮管，射向夜空，直钻进翻滚的乌云中，炸出耀眼的火光。

"轰，轰，轰……"高炮连续击发，炮声震动着大地，天空的乌云渐渐减弱了气势，云头被压了下来，雨却陡然增大了。在狂风暴雨中，争分夺秒作业的三人虽然穿着雨衣，但是遮雨帽不断被大风掀开，雨水从脖子灌进去，身上的衣服几乎都湿透了……

当天晚上，克度、塘边、通州、牙舟等6个炮站和2门火箭同时参与作业，发射炮弹109发，火箭弹6枚，将来势汹汹的冰雹尽数驱散。

"中国天眼"安然无恙！

平塘县气象局事后评估战况，这次人工除雹作业，由于时机把握得当，多个炮点联合拦截，冰雹到达平塘境内上空时变成了中雨到大雨，不仅保护了天眼，还缓解了当地的旱情。

又一次成功抵御冰雹，岑剑和她的同志们也自信了许多。不过她很谦虚地说："虽然多次防雹取得了可观效果，但我们不敢懈怠，山区地形复杂，气候变化莫测，我们只能长期默默坚守，尤其是春、夏两季，是贵州冰雹的多发期,防御工作永远不可掉以轻心。"

6. 同步"观天"

保护"中国天眼",黔南不遗余力。气象部门除了常年对暴雨、大风、冰雹、凝冻等灾害天气进行预报预警,还为"中国天眼"提供气象信息服务,数十门高炮和火箭车驻守在"中国天眼"周围,形成了严密的保护网。

近年来,在贵州省气象局的大力支持下,黔南州共完成了20门高炮自动化改造,实现作业人员远距离操控高炮和弹药自动装填,有效降低了安全风险。

颜可贵说:"现在的防雹网进一步织密,科技含量进一步提高,快速反应能力进一步增强,但要做到真正的保障,最可靠的还是人。"

确实,对"中国天眼"的保护,靠的是无数人心中那一份沉甸甸的责任。每年,气象部门定期对各个炮站、火箭设施开展安全检查,对作业人员进行培训。从春季开始,直到秋季结束,全州各个炮站的人员、装备准时到位,全天静守在位。而在各级气象指挥中心,无数气象人密切注视着天气变化,对可能影响FAST台址的强对流天气进行监测和分析,一旦天气出现异常,及时启动联防机制,保证各条防线不失守。

据统计,从FAST建成启用至今,全州气象部门为保护"中国天眼",共开展防雹增雨作业227次,发射炮弹3684发、火箭弹207枚,投入经费共计925.99万元。强有力的科学防御,使"中国天眼"没有受到过冰雹的干扰和侵害。FAST项目办公室主任张蜀新说,这得归功于气象部门有针对性的人工防雹消雹作业,当地气象部门有天气异常就会及时发送预报预警信息,使他们在防护上有了重要的参考,也为前去参观游览的游客们提供了参考。

每一天,在贵州高原南部的大山里,"中国天眼"和天文学家们随时注视着夜空,探索着浩瀚宇宙的奥秘。与此同时,也有一群气象人始终密切注视着变幻莫测的天空,不同的是,他们探测的是大气的脉搏,防御的是随时可能来袭的自然灾害。

职责所在,殊途同归。他们都是值得尊敬的科学家、科技工作者!

搬离"大窝凼"

孟学祥

期 待

对于500米口径球面射电望远镜落户贵州平塘，最骄傲的莫过于那些原本住在"大窝凼"的人。每当有人跟他们说起"天眼"，他们都会骄傲地说：我就是"大窝凼"人，"天眼"就在我家。

我第一次去"大窝凼"，是去为"天眼"选址拍摄图片资料。当时往"大窝凼"去的路还不是公路，只是小路。那条小路狭窄弯曲，艰险难行，连羊肠小道都算不上。送我们的车子只能开到距"大窝凼"还有十多公里的公路边，我们的身旁，是一座座峰峦起伏、连绵不绝的大山，一眼望不到边。"大窝凼"所在的克度镇给我们指派的向导指着山谷延伸出的一壁悬崖说："路在那边，我们要从那边走过去。"顺着他手指的方向，我们眼里看到的除了乱石还是乱石，除了荆棘还是荆棘，除了悬崖还是悬崖，根本就看不到他所指的"路"在什么地方。

接着，我们跟着向导穿过路边一块田埂，走进一个山坳，然后从山坳的茅草丛中开始爬山。此时，我终于明白向导所说的"路"，其实就是荆棘丛中勉强看得见的一条山洪冲刷出来的小沟痕。沟痕被荆棘覆盖着，上边铺满乱石，人走在沟痕中，稍不注意就会被荆棘钩破衣服，被茅草划破皮肤。我们穿悬崖、攀绝壁，在山与山之间绕来绕去，顶着热辣辣的阳光，花了两个多小时，终于小心翼翼地踏上了通往"大窝凼"的下山路。

我见到的第一个住在"大窝凼"的人叫杨朝礼。时年已六十一岁的杨朝礼，是"大窝凼"村民组的组长。他接到镇里请人捎来的口信，特意到垭口上等我们。也亏得杨朝礼走出"大窝凼"来接我们，否则我们还真难找到下"大窝凼"的口子。站在垭口的一片树林边，环顾茫茫山野，悬崖高耸，丛林密布，不熟悉环境的人，根本就不知道路在何方。

在垭口的石头上坐了十多分钟，喘了好一阵粗气，脸上不再出汗了，身体肌肉不再酸胀了，双脚也不再颤抖了，我们才随着杨朝礼钻进身边的树林，荆棘载途地向山下的"大窝凼"走去。下山路比上山路更难走，一路上我们磕磕碰碰，狼狈不堪，迈出去的脚不是被茅草缠绕，就是被小树桩绊住，再有就是因身上的衣服被伸出来的荆棘勾住而不能前行。终于到了"大窝凼"，走进杨朝礼家，坐在堂屋里，喝着他泡的苦丁茶，休息了很长时间,我们绷紧的心才慢慢平复下来。

杨朝礼说他真没想到"大窝凼"也会有改变的一天。他说:"'大窝凼'历来条件就不好,从我们的老一辈到现在,大家一直都在想着如何去改变,但是一直改变不了。不能改变,大家就往外跑,特别是年轻人,都只想跑出去打工,不愿意在家做事。说老实话,我老了,要是再年轻点,我也跑出去了。现在的'大窝凼',就剩下我们几个老人在家。这地方以前很少有人来,要不是因为'天眼',恐怕我们去请,你们都不会到'大窝凼'来。"

之前的"大窝凼"一年都难得见到一次外人。自参与"天眼"选址工作的科学家发现"大窝凼"之后,一直封闭的"大窝凼"才开始热闹起来。除了参与选址的科学家,为选址提供服务的当地政府工作人员也陆续走进"大窝凼"。一段时间以来,"大窝凼"变得前所未有的热闹,几乎每周都有人不辞辛劳地进来,这些人拍摄照片,收集气象资料和土壤资料,然后带着资料,又气喘吁吁地"爬"出去。

杨朝礼向我们讲述了他祖上、他父母,包括他这一代人那一成不变的生活。年复一年,日复一日,"大窝凼"人的日子别说说不上富足,甚至连好与不好都谈不上。他们种田,那田就是房屋附近的十多亩(1亩≈666.7平方米);种地,那地也就是山边的那一二十块,加起来还不到二十亩。这些田地每年的收成,只能勉强填饱"大窝凼"几十口人的肚子,要是碰到灾年,连吃饭都成问题。由于交通闭塞,道路艰

险难行,"大窝凼"人出山一趟不容易,外人也很少走进"大窝凼"。"大窝凼"人偶尔出去,一般都是为了把种出的农产品拿到赶集日的场坝上去出售,以此换回平时缺少的生活用品。

新中国成立以后,"大窝凼"逐渐被外界所知,后来"大窝凼"变成克度区航龙公社绿水大队的一个生产队,和外界的联系多了起来。在党和政府的关心下,"大窝凼"的儿女被接到山外,接受教育,"大窝凼"全封闭式的生活方式慢慢被打破了。杨朝礼说:"读了书,认了字,孩子们的心活了,但也野了,就不愿意回'大窝凼'了。一从学校出来就下广(东)打工去了,去了好多年,一些人连过年都不回家。有些人在外成家,有了孩子后,把孩子带回'大窝凼'扔给老人抚养,就又跑出去了。"

没有年轻人在家,"大窝凼"显得更加冷寂了。我们进来的时候,几乎都碰不到什么人,连牲口都很少看到。杨朝礼说他都是六十多岁的人了,一直还当着村民组组长,年龄大了,不要说为大家做事,连跑腿都感到费劲。他说:"没有年轻人,做哪样都费力,出山去办个事或帮大家领个补助什么的,都力不从心。"杨朝礼一直很希望能有年轻人在家,年轻人在,他就可以不当这个组长,就可以轻松一些了。但是,不管他如何苦口婆心地劝,不管"大窝凼"的老人们如何动之以情,晓之以理,年轻人就是不愿意留在家乡。所以对于"天眼"的选址,杨朝礼表现出特别的关注。他希望"大窝凼"能被选上,选上后大家就可以从

"大窝凼"搬迁出去,搬到条件好的地方去生活,也可以把年轻人召回来了。

在"大窝凼",有着同样想法的不光杨朝礼一人,还有时年八十七岁的陆春妹。陆春妹是"大窝凼"最年长的老人,她自十四岁嫁进"大窝凼",就再没有离开过。如今,她的儿子和三个孙子都在外面打工。儿子在20多公里外的镇上跟着建筑包工头当小工,搅拌灰浆,抬浆递砖,什么活儿都干。孙子们则在广东一带的厂里工作,家中只有六十六岁的媳妇黄小冬和她两个老人,守着空荡荡的房子。每到夜晚,陆春妹都要一遍遍地叮嘱媳妇把门关好,把关牲口的圈门锁好。

杨朝礼带我们去看望陆春妹。还没有走近那栋坐落在半坡的木瓦房,远远地就看到了坐在大门边的陆春妹。杨朝礼大声地和她打招呼,我们也跟着打招呼。老人茫然地看着我们,似乎听不见我们在说什么。听到声音,老人的媳妇黄小冬从家中走出来,不好意思地说:"我婆婆耳背,要靠近大声讲才听得清楚。"随后她附在老人耳边大声重复我们刚才的话。老人裂开没牙齿的嘴笑了笑,算是与我们打招呼。黄小冬告诉我们,老人的视力还很好,她刚才看见我们从坡上走下来,以为是她的儿孙回家了,便把凳子挪到门边来等着。一直以来,在陆春妹的固有印象中,从山上小路下"大窝凼"的人,十有八九都是外出的"大窝凼"儿女。

没想到,听到我们和黄小冬说话,陆春妹却说:"我晓得的,他们不是'大窝凼'人,是远道而来的。他们还在山脚那边,我就看得清清楚楚了。"在同老人的攀谈中我们了解到,最近到"大窝凼"来的人多了,"几乎一个礼拜就要来一次人"。老人自豪地说:"老远我就能分得清是不是'大窝凼'人,'大窝凼'人下山走得快,几大步就过来了。外面来的人走不惯山路,走得慢些,从山脚到房子这边,要走好久才到。"来的人多了,老人从走路的姿势、动作,就能够判断出来的是不是"大窝凼"人了。

我们告诉老人,如果选址确定在"大窝凼","大窝凼"所有人都得搬到别的地方去住。我们问老人愿不愿意搬,老人听后神情有些黯然,但仅一瞬间,她就扬起脸对我们说:"国家要用这里搞建设,我当然同意搬。'大窝凼'日子苦,年轻人都不愿意在家。要是能让我们搬出去,搬到航龙那边就好了。"最后老人又说:"搬家还得听年轻人的,年轻的没意见,我就更没意见了。我嘛,都是泥巴埋半截身子的人了,到哪里都一样。"

在杨朝礼的引领下,我们还去看望了其他三位老人。交谈中,老人们都表达了共同的愿望——希望"天眼"能落户"大窝凼",希望"大窝凼"能为国家重点建设做贡献。"天眼"落户"大窝凼","大窝凼"人还可以参与建设工作,这样就不用四处奔波打工了,老的有人照顾,小的也有人管了。

搬 迁

再次见到"大窝凼"人,是距我第一次踏入"大窝凼"九年后。此时我已调出平塘县,换了新工作。当时"天眼"选址已经确定,"大窝凼"人要整体搬迁。我应时任平塘县克度镇党委书记李国斌的邀请,再次跟着州里的几位作家和摄影家去"大窝凼"收集资料。

这次去"大窝凼",我们是坐车去的。此时公路已经修抵临近"大窝凼"的山坳,我们乘坐的车辆直达"大窝凼"边上的垭口,一下车就看

得见"大窝凼"。我们去的那天正下大雨，从平塘县城出发，到在"大窝凼"的垭口停车步行，雨都没有停。

这次杨朝礼没有到垭口来接我们，但我知道他和"大窝凼"人已经在家准备好了饭菜。他们要在搬家前搞一次集体聚餐，也顺便给我们这群远道而来的客人接风洗尘。

雨还在淅淅沥沥地下着，我们下到半山，笼罩在"大窝凼"上的那些雾霭已经慢慢升高、飘远。不知不觉间，杨朝礼那间我曾经驻足喝茶的木屋就出现在我眼前，时间就此凝固了，感觉自己好像不曾远离过"大窝凼"，仿佛还是依旧围坐在熟悉的火坑边，与杨朝礼及"大窝凼"的老人们一道畅想"天眼"建成后"大窝凼"的变化。

"'大窝凼'已经不是我们的了。"再次见到杨朝礼时，他说了这样一句话。想不到曾经那么热切想搬出去的人，在真正面临搬迁时却那么伤感，那么不舍。杨朝礼今年已经七十岁，是留在这片土地上的不多的几位老人之一，他不再是"大窝凼"的村民组长。而上次我来"大窝凼"见到的最年长的陆春妹老人已去世，这个从嫁进"大窝凼"就再也没有走出过"大窝凼"的老人，在走过九十六岁高龄后，被子孙们抬出了"大窝凼"，葬到了很远的山坡上。

杨朝礼老人的老伴，上次我来"大窝凼"时，她因为上坡干活而没能见上一面，却没有等到"大窝凼"改变就因病匆匆离世了。杨朝礼的身体看上去仍如从前那样硬朗，着一件蓝布对襟衣，还是那样的精神矍铄。他带着有些伤感的语气，向我们娓娓诉说着"大窝凼"近几年发生的变化，诉说着他的老伴没有活着等到与他们一起离开"大窝凼"，而在死后被人抬离"大窝凼"的感伤。这种伤感的情绪感染了我，让我也生出了离别的惆怅。

这段时间，"大窝凼"一片繁忙。自从"天眼"选址确定下来后，搬迁的工作已经在"大窝凼"展开。在远离"大窝凼"的镇政府所在地——红塘街上，由政府出资给"大窝凼"人修建的新房已经落成。杨朝礼没有住过那样漂亮的楼房，寨上的几个老人也都没有住过。全村都在憧憬着搬迁那天的到来。政府派来帮助搬迁的工作人员，也在忙碌地引导"大窝凼"人将物品归类装好，捆绑打包。

四十七岁的杨天明现在是村民组组长，他领着我在"大窝凼"四处拍摄。我们从一栋木屋到另一栋木屋，从一个院子到另一个院子，从一块田埂到另一块田埂，从一块菜地到另一块菜地，从一棵树到另一棵树，从一片竹林到另一片竹林，甚至于从一颗石头到另一颗石头……杨天明的脚步放得很慢，每到一个地方，都要问我"照（拍）没照（拍）下来"，如果我说"没照（拍）"，他就会说："这个地方应该照（拍）下来，以后才记得住。"在杨天明看来，"大窝凼"到处都有拍不完的照片，舍不得回忆。

几个小时的暴雨终于在我们拍摄"大窝凼"的时候停了下来，也许是老天爷要我好好地观看"大窝凼"，好好地记住"大窝凼"。我跟着杨天明,沿着田坎走到"大窝凼"田坝中间那口唯一的水井边,在他的指点下,围着水井拍了许多照片。

水井边有一棵花红树,树上结满了果子,果子还没有成熟,绿色的果皮上还长着一层灰绒绒的细毛,像少女脸上的绒毛,特别惹人怜爱。杨天明站在树下,久久地注视着那些果实,对我说:"要是好搬,我都想把这棵树搬出去。"我说:"搬出去这些果子恐怕也不会成活,都要掉光。"听了我的话,杨天明沉默了。他从地上捡起一个被风吹落的果子,拿在手上轻轻抚摸着,脸上流露出依依不舍。井边还有一棵桂花树,杨天明说这是他叔叔杨朝礼年轻时从别处移栽过来的,已经有几十年的历史了。他说他叔当年一共栽下四棵桂花树,仅有这一棵活下来了。在大雨的洗礼下,这棵桂花树就像一个少女,亭亭玉立,青春靓丽。杨天明站到桂花树边,叫我给他和桂花树拍了一张合影。

也许意识到这是在"大窝凼"改变前最后一次认真看自己的家乡了,杨天明希望我可以用手中的镜头帮他记录"大窝凼"里的景物,一口水井,一棵果树,一片竹林,一座老坟,一间木屋……以及那些站在木屋前守望的"大窝凼"人。杨天明就这样带着我随意地走着,随意地寻找和拍摄……

我和杨天明穿过一片竹林,来到一栋木屋前。主人早早地在门边摆放好了椅子。刚一落座,主人就叫我给她和她的几个孙子照相,随后又叫来她的儿子、儿媳们,叫我给他们来个全家福。他们站在大门边,背

搬离"大窝凼"

景就是身后的老木屋。我拍了几张照片后叫杨天明也加入,杨天明谢绝了,但叮嘱我一定要将木屋拍摄得完整、清晰,给他们留个纪念。刚刚为这家人拍完照,一个姓刘的小伙子就走过来邀请我到他家去看看。我和杨天明跟随他,沿着一道石梯往坎上爬。走进小刘家的院子,我看到一个卫星接收天线被很随意地摆放在路边。杨天明叫我把这个天线拍下来,并对我说:"以后来'大窝凼',就只有'大天锅',没有小天锅了,小天锅只能怀念了。"

我问那些一直在外打工,因为要搬迁才赶回来的年轻人,他们对搬迁有什么感受。他们说,以前迫切地想要从这里搬出去,多一分钟都不想呆,现在真要搬了,却对这里生出了千般的不舍来。杨天明抚摸着一座祖坟的墓碑对我说:"尽管这里居住条件不好,但是真要远离了,却非常伤感,就是想哭,很舍不得。"

尽管有诸多的不舍,但该走的还是要走。从知道这里将要变成大国重器的所在地时,杨朝礼、杨天明、杨天豪、杨天觉等所有"大窝凼"人,在"舍小家为大家"的大是大非面前,义无反顾地做出了选择。把家让给"天眼",他们义不容辞。从"大窝凼"走出去,他们将会开辟出更加广阔的新天地,建造出更加美好的新家园。

也许是因为要搬迁的缘故,"大窝凼"人不再把自己视作主人,也不再把我们这些外来者当成客人。他们邀请我们围坐在一起吃饭喝酒,一个个端起酒碗,豪情满怀。一碗酒下肚,杨天明大声说:"喝下这碗酒,过几天我们就搬出'大窝凼',今后就再不是'大窝凼'人了。以后'天眼'建成,再来'大窝凼',我们也是游客,也是参观者了。到那时,我们一定再相聚一回。你们也来,就来我们新家,我们要一醉方休!"

变　化

又一次见到"大窝凼"人,是"天眼"建成投入试运营一年后,地点在克度镇政府所在的红塘街。街两边都是漂亮的小洋楼,楼房有三层,整齐划一,飞檐翘角。从"大窝凼"搬迁过来的人家,都集中居住在这里。我第一个见到的是杨天豪,他穿着簇新的衣服,正招呼家人上车。

搬离"大窝凼"

他们是应中国科学院国家天文台邀请，趁"天眼"试运营检修，前往他们曾经的家园——"大窝凼"，近距离参观"天眼"。

我们的车跟着杨天觉、杨天豪等"大窝凼"人驾驶的汽车，一起往山里驶去。通往"大窝凼"的公路，经过多次整修和拓宽，变得不再艰险曲折了。沿线5公里静默区搬迁腾出的空地上都种满了花草，加上周围山上的天然绿植，使通向"大窝凼"的公路犹如铺展在一片园林花海中。花海、园林、石林、峡谷，以及科技文化园、天文博物馆等，一个个天然的和改造建设出来的景致，令人目不暇接。有了路的牵连，"大窝

凼"四周的山峰就显得不再高耸,不再险峻了。公路穿越一个又一个山谷,串起一个又一个山峰,缠绕一道又一道山梁。还有那些山中的草木,在风中抖动摇曳,沙沙作响。偶尔还会出现一群一群的鸟儿,或在林中鸣啁嬉戏,或在树木间追逐飞翔。这些景致,真正体现了环境与自然、科技与人文的和谐意境。一路上,"大窝凼"人都啧啧称奇,不断交谈和感叹着由"天眼"建设带来的发展变化。

"十年前这个地方是我居住、生活的地方,是我赖以生存的地方。今天看到这个最大的射电望远镜建成的样子,给我的感觉很不真实。这么一个国之重器,能够到这个地方建设得那么好,真是太伟大了!"近距离参观"天眼"后,刘品扬意犹未尽地说。尽管"大窝凼"曾经是自己熟悉的家园,但看到这样的变化,杨昌敖也认为太不可思议了,他说:"'天眼'那么雄伟,建在这里,带来了翻天覆地的变化。"杨天豪也有些不敢相信地说:"没想到'大窝凼'变化这么大,变得我们都不认识了。我们家原来就在下面,现在哪里还找得出从前的样子。话又说回来,正是国家需要用这个地方,我们才有今天的好生活。"

在可俯瞰"天眼"的山顶平台上,杨天觉说出了所有"大窝凼"人的心里话:"去年(2016年)9月25日,'天眼'建成启用那天,我们几个作为'大窝凼'人的代表来参加大会,特别高兴。那天的大会,中央领导、省领导、县领导都来了好多,习近平总书记也发来了贺信。大家听了后都很受鼓舞,都为我们国家建设事业而感到骄傲,为'天眼'感

搬离"大窝凼"

到骄傲。'大窝凼'人能过上幸福的好日子,我们不光要感谢'天眼',更要感谢党和政府对我们的关心。"

从"大窝凼"搬迁出来后,"大窝凼"人过上了前所未有的富足生活,从前的生活方式也得到了彻底的改变。杨天觉开了一个补胎铺,给汽车、摩托车补胎,年收入20多万元。刘品扬、杨天豪等也改行经商,年收入都在10万元以上。好几户人家都办起了"农家乐",收入比在"大窝凼"时不知翻了多少倍。他们中的好几个年轻人还参与过"天眼"的建设,亲眼目睹了"大窝凼"的改变,见证了"天眼"在"大窝凼"的诞生。参观"天眼"时,他们骄傲地与家人分享着参与建设时的感受和趣事。乡亲们搬出"大窝凼"后,生活环境得到了大大的改善,年轻人不再外出打工,老人能够颐养天年,孩子的抚养和教育也得到了保障。

"大窝凼",一个既平常又不平常的巨型天坑,交通闭塞,与世隔绝。有了"天眼","大窝凼"才能焕发生机,扬名中外。"大窝凼"人为此深感自豪。而我,一个二十多年来多次往返"大窝凼"的人,也是曾经参与过"天眼"建设服务的人,目睹了"大窝凼"的变化和发展,也由衷地感到自豪和骄傲。

监测大地脉搏的人

王淑宜

这是一群心怀理想的人。

二十多年前,他们肩负祖国交予的使命,带着起初并不符合"标准"的设备,走进苍莽大山,寻找最符合标准、最适合安装500米口径球面射电望远镜的理想位置。

大山承载了他们的光荣和梦想。

平塘,"大窝凼"。他们数次进山,对环境数次监测,然后形成科学报告,最后经中国科学院国家天文台研究决定,大射电的"家"就安在这里。如今,"天眼"开了,人类和宇宙的距离又近了一步,他们肩上的担子也更重了。

无线电磁环境,这个人们感到陌生又遥远的词,饱含了这群人的艰辛和努力。

20世纪90年代初,当世界天文学家提出一个新的500米口径球面射电望远镜项目时,各国均给出了实现方案。在中国方案里,贵州是项目落地的首选，但是项目选址工作，前期需要进行大量无线电磁环境监测。最终，这项任务落在了贵州无线电人的肩上。

对大射电选址进行无线电磁环境监测，当时在全国无任何先例可循。任务来了，无线电人不求回报，扛起设备，一头扎进了深山。

二十多年的时间，他们把挑战变成机会，把劣势变为优势，不仅出色地完成了工作任务，还在此后作为技术尖兵，走出国门，代表国家完成新的使命。

担当：勇啃硬骨头，为 FAST 寻家

在无线电人身上，充盈着勇于吃苦的拼搏精神，他们坚持把手中的事情进行到底，坚持让思路开花结果，用坚韧啃下一块块"硬骨头"，赢得事业的"豁然开朗"。

1993 年，一个叫"平方公里阵列射电望远镜（SKA）"的天文望远镜项目引发全世界科学家热议。这是一个包括我国在内的 10 个国家联合提出的国际科学项目。项目提出后，多国给出了实现方案。

中国提出的方案是依托贵州省喀斯特地貌现有洼地地形，建设一个名为 500 米口径球面射电望远镜的项目。

为什么选择贵州？一是贵州的地貌特点符合建设需要。喀斯特地貌的洼地造型不仅能为大射电的碗状外形提供建设条件，同时其天生具有

"漏水"性，可避免设备周围大量积水。

二是除了地形，建设大射电有一个近乎苛刻的要求——周边一定区域内，必须有足够干净的无线电磁环境。相当于30个足球场大小的大射电，就像一只庞大而灵敏的耳朵，接收无线电波，洞悉宇宙深处的奥秘。生活中小如手机、大到飞机等设备，都会发出无线电波，这意味着，它们都会对大射电产生干扰。因此，人口少、地形独特、电磁干扰少的地方，成为最佳预选点。但是，并非肉眼看着"干净"的荒野就拥有足够干净的无线电磁环境。为了满足大射电的建设需要，必须对预选地址进行长期、持续、反复的无线电监测。

作为目前世界上最大的天文工程，大射电建设项目由我国自主投资完成，投资额近12亿元，是我国在世界天文科学项目上的大国担当，也是一大壮举。

"大射电搜集到的数据，供全世界所有科学家共享。可以说，这个项目虽然建在中国，却属于世界。"

偌大个贵州，哪里才是最适合大射电安家的地方？大射电对无线电磁环境的要求是"硬条件"。大射电建设前期，需对所有预选地址的无线电磁环境进行系统性监测，建设过程中也需持续、定期监测，建成后，监测工作也得24小时不间断。

无线电磁环境一旦受干扰，大射电通过无线电波"观测"到的数据将失去价值。这意味着，只要大射电还运行，监测工作就不能停。

为大射电找"家"、护"家"的担子，落在了贵州无线电人的肩上。自 1996 年起，他们走遍千山万水，监测了几十个直径 100 米以上洼地的无线电磁环境，并对普定尚家冲、平塘"大窝凼"等直径 500 米以上的洼地进行重点监测。

2003 年 7 月，中国科学院国家天文台将大射电无线电磁环境的测试任务委托给贵州省无线电管理局完成，这意味着监测任务比前期更加深入、全面。贵州为此成立了大射电监测组，监测工作于 2003 年 12 月 10 日正式展开。

大射电无线电磁环境监测任务的标准来自国际"平方千米阵"望远镜（SKA）选址委员会。该标准对监测设备灵敏度、频带的要求高，监测时间也要长。每个预选地点需进行反复监测，数据要包括四季。每一轮的监测至少要有长达 20 天的 24 小时不间断监测。

监测时间长倒不怕，但如何提高监测设备灵敏度，成为横亘在眼前的技术难题。日常监测设备主要针对通信进行监测，大射电的无线电磁环境监测是一个新课题。在当时，我国从未有过按国际标准进行监测的案例，更没有配备这样有针对性的设备。但任务来了，再硬的骨头也得啃下。

监测组经过对国际监测协议和文件的认真研究，结合十几年从事无线电监测工作的实际经验，按照国际平方千米阵选址委员会的要求，制订了一套完整的监测方案。

扛着并不太符合标准的简易设备，组员们一头扎进了巍巍深山。

"功夫不负有心人。"随着监测工作的不断深入，监测组对项目有了新的认识，一连串喜人成绩在不断研究、摸索中不断传来。

2005年7月，监测组成功完成大射电监测系统改造。改造后的系统性能有了很大提高，可实现24小时不间断自动监测，数据采集可靠性高、实时性强。

这套系统至今仍是全国唯一符合国际标准的大射电监测系统，由贵州无线电监测技术人员自主研发，为国家节约了资金76万元。

2006年3月，监测组向国际射电天文学家、国际无线电专家提交了监测报告，得到国际专家的普遍赞许和认同。监测成果发表在 *Experimental Astronomy*（《天文学实验》）杂志上。

从选定地址开始，大射电的"家"就受到无线电人的严格保护。贵州加强立法建设，推动出台《贵州省500米口径球面射电望远镜电磁波宁静区保护办法》（以下简称"《宁静区保护办法》"），划定了宁静区，对核心区和协调区进行针对性保护，奠定了执法基础和依据。在望远镜核心区域建设固定保护性监测站，与省无线电监测中心联网运行，对大射电实施全天候保护性监测，适时分析、掌握无线电磁环境，防止外界干扰。每月开展一次定期监测，每次不间断监测2～3天，积累无线电磁环境数据，同时开展不定期巡查，确保万无一失。根据《宁静区保护办法》，依法清理宁静区无线电台站点，坚决取缔核心区设台，严厉打击非法设台。实际工作中，组织专家对周边机场、水电站、输变电工程进行无线电磁环境分析论证,为地方政府决策提供科学依据。特别是在平塘至罗甸高速公路的建设上,省无线电管理局组织专家提出路线优化及消除干扰的意见,进一步保证了大射电的电磁安全。

在离大射电不远的地方,大射电无线电监测性保护站已建成投用,24小时不间断为大射电护航。

奉献:深山中扎根,日夜不停歇

他们在大山里,靠着一股韧劲和执着的信念,用"一辈子、一件事、一个工程"的专注和坚持,把一张张蓝图描绘在大地上。

监测组组员雷磊的电脑里,保存着一组他们在"大窝凼"搭帐扎营的照片,照片里是一个个倔强的身影。

一辆监测车旁,一个组员踮着脚用双手举着监测用的天线。拍照的日子应该是在冬天,因为棉服穿在身上,撑着杆子的背影看起来有些笨拙,高举的双手已经泛红。

一块用棍子支撑着的塑料薄膜下,有淡淡的炊烟飘出,支起的大锅下面,燃烧的火苗蹿出老高一截。这个四面迎风的场所,是他们的厨房。

一堆石砾上,一个蓄着胡子的组员拿着一块面包,盘腿席地而坐。他的双脚已经被黄土扎实地覆盖了厚厚一层,实在看不清鞋子的模样。

由于前期监测设备自动化程度不高，全部都得靠人工操作，所以雷磊电脑里收存的，都是监测组同志辛勤工作的照片。监测工作十分枯燥，生活更是十分艰苦，但监测组的所有同志没有畏惧退缩，而是互相鼓励，在艰苦的环境中互相打气。

进入"大窝凼"，有8公里的狭窄泥凼路。遇到下雨天，车子无法行驶，组员在"窝"里困上个四五天是常有的事。从监测组驻地往山下走，来回需要一个半小时左右才能到达金科村——这是离"大窝凼"最近的村子。

老乡们并不太明白"无线电"是什么，看见组员们的生活条件艰苦，自发用蓝白红相间的塑料膜在监测车旁为他们搭了一个简易厨房。这群无线电人把老乡们的热情深深地记到了心里。

一份真实、科学的监测数据离不开无线电人一年四季的坚持和日日夜夜不停歇的守候。监测无线电磁环境需要24小时不间断，每一班次需点击鼠标上万次，每一轮进山监测时至少要有四个组员，两人看白天，两人守黑夜，这样才能保证工作顺利进行。

夜晚的时间很难熬。"大窝凼"的夜又特别黑，监测车的照明设备是深山里唯一的光亮，即便是几个大男人待在一起，也不免感到害怕。到了冬天，寒风刺骨，守夜就更难了。

但即使到了白天，组员们也并不好过。守夜的人补瞌睡时，常常被透过帐篷射进来的阳光弄得再困也睡不着。

饮用水是组员们面临的最大难题。晴天时可以开车下山拉水,遇到雨天,车辆无法进出,只能用处理过的雨水解渴。山里的水里面全是红线虫,要喝也只能沉淀后过滤,再煮开了饮用。

驻地离集镇太远,想吃肉时,组员们就跟老乡买只鸡。

每年的 5 月下旬,到了梅雨季节,发现自己从水里醒来,也是常有的事。

雷磊有胃炎,大山里的饮食条件实在没法调养这样的病,只能有什么吃什么。一天半夜,雷磊胃病又犯了,实在痛得不行,其他组员们赶紧点火,烧了点热水,用保温瓶装着,拿给雷磊捂着。

组长孙健民,几年里没有落下一轮监测工作。有一次,监测工作进行了 20 多天,终于能回家了,他来不及刮胡子就兴奋地跑到幼儿园接孩子。孩子第一次看见留了一脸胡子的爸爸,怯生生地说:"爸爸,我不认识你了。"他心里一紧,难受极了。

一天,组员们请拖拉机拉煤到"大窝凼",但天公不作美,拖拉机才赶到"大窝凼"就下起了大雨。雨连着下了好几天,拖拉机无法行驶,困在"大窝凼"的老乡跟组员们待了两天就坚持不住了,用老乡的话来说,吃喝也困难,手机也不能用,一点娱乐消遣都没得。于是,老乡硬是一个人走下了山。几天后雨停了,他才回到"大窝凼"把拖拉机开走。

一次,中国科学院国家天文台的博士到"大窝凼"参与监测,待了一天，右手臂被蚊虫叮咬了几十个包，不禁感叹："在深山里坚持，不容易啊。"

2003年12月至2006年2月，大射电监测组先后完成在预选站址平塘县"大窝凼"监测12轮次，普定县尚家冲监测2轮次，兴义市深凹塘监测1轮次，北京密云天文观测站监测2轮次，共计17轮次，每一轮次监测至少需要20天。在两年的时间里，他们每人平均野外工作时间近一年。

领航：敢闯也敢试，创新结硕果

他们是技术创新的弄潮儿。站在时代的高度，用新知识、新经验、新工具去处理问题、解决难题，在山重水复中找到新路，闪耀出登高望远的创新荣光。

在为大射电寻找"家"的过程中，监测组一边在野外监测，一边专于研发，不断调试监测设备。

2005年7月，国际SKA项目办公室派出专家团队在平塘县"大窝凼"按国际监测协议做了一轮无线电磁环境监测。

专家一开始对"贵州制造"没有信心，专门将贵州研制的监测设备与国际监测设备做了交叉比对测试。测试结果显示，贵州自动监测系统满足国际SKA监测协议规定的所有技术条件！贵州对平方千米阵无线电监测的结果真实有效，可以满足国际平方千米阵委员会选址的需要。

2012年，我国与阿根廷合作，拟在阿根廷兴建射电望远镜，这是科学技术部国际合作重大专项支持项目。该射电望远镜也是我国在国外设置的第一个大口径射电天文全实面望远镜，具有重要的国际影响和战略意义。此时，拥有丰富监测经验和高效监测设备的贵州无线电人，成为祖国对外打出的一张"技术王牌"。在该类项目上，贵州省无线电管理局成为全国唯一一个走出国门、参与国际监测合作的省级单位。

2012年4月23日，贵州赴阿根廷无线电磁环境测试工作小组成员到达阿根廷圣胡安以后，仅经过几个小时的短暂休息，便克服时差和对气候的不适应，立即投入紧张的工作中。

仅用了一周的时间，他们就顺利完成了设备检测和对前期5个预选台址的场地勘察比较工作，并初步选定其中3个候选台址进行无线电磁环境测试。

阿根廷当地时间4月28日，测试小组抵达第一测试点，正式开始电磁波环境测试工作。该点位于圣胡安距市区约80公里的一个峡谷地带，因常年干旱少雨，地表植被稀少，仅有仙人球、仙人掌等低矮耐旱植物，地貌呈碎石戈壁状。此时正值阿根廷初冬季节，昼夜温差大，白天阳光强烈，气温可达15摄氏度左右，夜间气温则下降为3～5摄氏度，早晚温差大。由于地质环境所限，峡谷荒无人烟，无水、无电、无通信，工作环境相当恶劣。

监测大地脉搏的人

凭借在家乡野外监测积累的工作经验，测试小组住帐篷、吃干粮、忍寒冷，凭着顽强的毅力和执着的追求，坚持每天24小时不间断测试。

这种精神感染了一起工作的中阿合作40米射电望远镜项目和圣胡安大学天文台的工作人员，并得到他们的高度赞许："这种一丝不苟的工作作风和乐于吃苦的敬业精神，正是贵州无线电人精神的真实写照。"

深山"电保姆"

叶国飞

在"中国天眼"选址、勘测、论证、施工、落成的二十多年间,都匀电网平塘供电局成立了一支"天眼供电服务队",专门为天眼用电提供服务。在这支服务队里,队长杨光照二十多年如一日,带领着不断更替的队员,为"天眼"提供着可靠的电力支撑,留下了一个个感人的故事,被FAST项目部赞誉为"天眼"的"电保姆"。

杨光照是平塘县塘边镇清水村人,他先后担任过变电站站长、修试所主任、生技部主任、供电所所长等职务,从1994年中国天眼选址开始,他就兼任"天眼供电服务队"队长。

杨光照说,多年来,我们圆满完成"天眼"奠基、钢梁合龙、面板安装、领导巡检、慰问演出、落成庆典、重要旅游接待等大型保电工作41次;主动为"天眼"变电站投运、巡视、更换设备等技术服务提供13次;为天眼35千伏变电站

制作安装各类安全生产制度公示牌11块,制作安装设备标识500余个;还主动为"天眼"电工开展技术培训等,与天眼科研人员结下了深厚的情谊。

FAST工程选址平塘后,供电局专门成立"天眼供电服务队"服务大射电工程,时任队长的杨光照才二十九岁。当时选址的地方住着十几户人家,没有通电,也没有通公路。杨光照接到为"天眼"选址架设线路的任务后,立即带领当时航龙供电所(后更名为天文供电所)的4名员工,顶着烈日,在深山密林里进行初勘测量。他们不光要忍受炎热的天气,还要扛住蚊虫叮咬,饿了啃几口馒头,渴了喝几捧山泉水。基本上每天都是天没亮就出发工作,月亮升起才回家,一天下来,全身上下的衣服被荆棘划得到处都是口子。回忆起当时的情景,队员杨元谱自嘲:

"每天回家时,自己的样子看起来就像要饭的。"

杨光照讲述当年测量的过程时说,那种苦只有经历过的人才能体会。当时他们扛着设备,要爬上一个距离只有200多米的山头,就要花费近2个小时,而等待前面一组人员走到距离他们仅100米左右的山头,则需近4个小时。最快的时候,他们一天也就行进了1.6公里,测量了18根基电杆,放在现在,在地图上点一下,只需要十几分钟就能全部测完,就算实地勘测,顺着公路开车半天就可以完成;当时他们对23公里的10千伏电力线做路测,则花了12天的时间。

测量结束并通过设计审批后,便进入电力施工阶段,杨光照仍然是电力施工负责人。因当时没有专业的施工队伍,只在当地聘请了二十几名民工就地组成施工队,所以安全管理、技术指导工作只能全部靠杨光照及航龙供电所其他3名员工来把关。他们两人一个组,分别负责带领民工抬杆、放线、架线、紧线等,一个负责安全管理,一个负责杆上的安装,有时候一天都立不了一根电杆。最艰难的要数10千伏克射线第21号杆,他们好不容易用一整天时间,通过绞磨,一米一米地才从山下把电杆拉到了山顶,谁知在准备立杆的时候,电杆又顺着悬崖滚到了山下,还断成了好几截。看着辛辛苦苦的付出瞬间白费,负责人杨光照不禁流下了泪水。

在后来的施工中,他们汲取教训,慎之又慎,最终通过60多天的加班加点工作后,一台20千伏安的变压器装在了"大窝凼"。从此,十几户山里人家告别了使用煤油灯的历史。科研人员携带的设备在用电保障下，也开启了"天眼"选址之旅。

天眼选址之后，便进入各种推演测算环节。在十多年的漫长等待中，杨光照尽心尽力地守护着"天眼"边上那台 20 千伏安变压器。每隔几个月，他就组织"天眼供电服务队"队员对线路进行一次巡视，线路下方的树木是砍了又长，长了又砍。就是在这样的四季轮回中，时间转到 2008 年。这一年，平塘县供电局正式挂牌成立了"天眼供电服务队"，并在当时的航龙供电所挂牌。又经过几年的等待，世界瞩目的"中国天眼"正式确定建设在平塘县克度镇"大窝凼"。听闻这一确切的消息后，夹杂着这些年来服务 10 千伏克射线的辛酸，杨光照再次流下了泪水，有惊喜、有感动，更有电力员工的"天眼"情怀。

"天眼"工程建设初期，"大窝凼"的电力只能满足 20 千瓦左右的照明用电需求，却无法满足施工用电需求，距离"天眼"工程 3000 千瓦的项目正式用电负荷更是相差甚远，架设一条 35 千伏的变电站至"天眼"零号变电站的输电线路，迫在眉睫。接入一条输电线路，并不是在空中挂一根电线那么简单，须严格按照接入方案操作，同时电杆、变压器、配电箱、电缆沟一个都不能少，加上喀斯特洼地的综合性质不适合用挖掘机械，施工过程窒碍难行。作为中共党员的杨光照再次带队出征，利用简易工器具徒手挖掘电缆沟，用砖砌电缆井，放电缆线……他们来回穿梭的身影，构成了烈日炎炎下最美的风景线。

"天眼供电服务队"克服山高路陡和运输困难,风餐露宿,日夜奋战。在一次运送电缆线的途中,杨光照因负重过多,不小心踩空摔了一跤,身上好几处都受了伤,同志们都劝他休息一下,但他全然不顾,爬起来继续扛起电缆线往山上赶。在烈日的烘烤下,汗水浸透了工作服,因为没有及时处理,后来他的伤口发了炎,还化了脓。回忆起当时的场景,杨光照说:"当时就没想那么多……我是从农村出来的,擦伤碰伤都习以为常,加上那个时候正在赶工期,如果我因为一点小伤就休息,怎么对得起我的队员?他们比我还辛苦!"

最终,一条21.75公里长的10千伏临时施工线路和一条18.25公里长的35千伏主供线路跨越崇山峻岭,顺利接入"天眼",满足了工程施工节点进度用电,同时也开通了"天眼"主电源。从此,"大窝凼"被点亮了。

"工程开工那天,杨光照队长被石头划伤了脚,袜子都被血染红了,但他仍带伤完成了施工现场线路设备的检查。""受大暴雨影响,山体滑坡导致10千伏克射线17号杆断杆,杨光照早上7点带领我和另外6个人去抢修,当天16时35分恢复供电。"……翻开现为天文供电所员工的杨元谱多年前的日记本,杨光照带队奋战的画面——呈现在眼前。

2016年6月28日,杨光照突然接到FAST项目部来电:大射电施工用的变压器没有电了!挂断电话后,杨光照马上组织陆贞学、谢庆辉,三人拿上工具和材料赶往现场抢修。一个小时后,变压器恢复供电,施工得以正常进行。

"2014年5月26日，一场大暴雨使我们抽水的变压器被淹，工人饮水出现困难。抢修过程中，杨光照带领'天眼供电服务队'队员就在边上守着，水刚退去，他们就蹚着稀泥去对变压器进行检测，对设备进行全方位维护，一直忙到晚上10点才恢复供电。看着他们满身的泥泞，我心里很是感激！"中国科学院国家天文台项目指挥部电工周志兵回忆天眼工程建设初期时说道。

"2013年至2016年，我当时在大射电警务室上班，对供电局杨光照的印象特别深刻，因为每个月至少会看到他带着队伍来天眼五次。大家都是在为'天眼'项目服务，但杨光照他们比我们辛苦多了，好几次三更半夜的还来这里抢修，供电服务真的是做到极致了！"谈起供电服务，曾经驻守在项目部门口的克度镇派出所大射电警务室杜警官深有感触。

"天眼"工程项目部钱惠主任曾说："'天眼'从正式开工建设到建成的5年间，每次停电时间从没有超过1个小时。看到'天眼供电服务队'的队员们，我会感到十分亲切。在用电过程中只要有一点小问题，我们首先想到的都是'天眼供电服务队'，有他们在，我们用电很放心，所以工地的人都称他们为'电保姆'。"

2015年11月，35千伏"天眼"专用变电站进入急需投运的关键调试阶段，项目工程师在调试过程中因进出线安装滤波器，遇到了10千伏母线电压异常、断路器不能操作、主变差动保护装置差流越限等技术疑难，投运工作遇到了瓶颈，于是便尝试向杨光照请求帮助。当时恰逢周末，在家休息的杨光照接到电话后，第一时间带领队员赶赴现场，忘记了和家人交代自己的去向。他们自己都没有想到，这次在天眼一呆就是三天三夜。

当时他们到达现场已经是下午四点多，杨光照首先认真阅读了设备说明书，再和厂家技术人员、项目部工程师了解设备异常细节。做完一系列的相关准备工作后，他立即组织召开专题会议，分析了各个故障存在的原因，然后将队员分成3个小组，把进线到设备、设备到出线都重新检查了一遍，然后不断改进解决方案，反复测试，反复对比分析，每一次数据的变化他都记在纸上。就这样夜以继日地苦干了三天三夜，他们终于解决了难题。

但当时"天眼"核心区没有手机信号，更没有网络，这三天三夜的时间队员们与家人"失联"了。杨光照离家时，妻子黄洁以为他只是去逛街或者去朋友家玩去了，直到夜晚不见人回来，电话也打不通后，就着急了。中途黄洁打电话问了杨光照几位同事，又问了好多亲戚朋友，都说没有看见杨光照。第二天，她尝试联系几个经常和杨光照一起工作的同事，手机同样是无法接通，她的心这才稍稍安稳下来，猜到杨光照十有八九是带队去天眼了。以前也出现过这种情况，但都不是周末，而且第二天下午就回来了。第二天晚上，杨光照手机依然打不通，人也没有回来。艰难地又熬过一个晚上后，黄洁终于坐不住了，开车到供电所寻找。当得知杨光照还在"天眼"抢修时，她的心终于放了下来。她请所里的莫才贤陪同，驾车直奔天眼。一路上黄洁又气又急，心想看到了杨光照一定好好说说他！

到了"天眼"项目部，看到头发凌乱、一身油污、满眼血丝的杨光照还在忘我工作时，黄洁心中的怒火顿时烟消云散，换成满心的疼惜。擦干眼角的泪水后，她慢慢走向杨光照，满怀深情地拍了拍他的后背。然而正在检查设备的杨光照没有转身看她，依然盯着设备数据的变化，直到黄洁叫了他一声，他才缓缓地转过脸来，有些不相信地说："啊，你怎么来了？"而后起身与黄洁拥抱在一起……

这就是"天眼供电服务队"三天三夜的真实故事。后来，这个故事被搬上了都匀供电局"故事会"、贵州电网有限责任公司"最美电网人"

等讲叙现场。

2015 年 12 月 15 日，在得知通过"天眼供电服务队"的热情帮助，天眼 0 号主变器站顺利投入运行的消息后，"天眼"项目副总经理张蜀新专程从北京赶赴平塘，代表中国科学院国家天文台对"天眼供电服务队"表示感谢并送上了锦旗。

为解决专供馈源舱的 435 伏额定电压波动不能超过正负 0.5%、停电时间不能超过 1 小时的特殊用电需求，杨光照大胆创新，通过团队的努力验证并请教上级专家指导后，为馈源舱加装了大功率 UPS 不间断电源，保障了"天眼"的正常观测。有了可靠的电力供应，2017 年 10 月，"天眼"发现 2 颗新脉冲星，这个消息震惊世界。

在 2146 次服务记录里，闪耀的是杨光照和"天眼供电服务队"其他队员在"天眼"静默区内 16.8 公里电缆线路、21 个电缆井、6 台配电变压器、24 个端子箱、12 个开关柜安装及巡视的踪迹。

在服务天眼的几年里，"天眼供电服务队"在 1.57 公里的"天眼"钢梁里绕行了 3000 多圈，行走了 5000 多公里。他们用持续优质的服务赢得了中国科学院国家天文台的高度认可。2020 年 8 月 22 日，中国科学院国家天文台向贵州电网公司赠送了"守初心护大国重器·优服务展电网担当"的锦旗。在刚刚举行的第六届"感动南网"评审中，"天眼供电服务队"荣获"感动南网团队"荣誉称号。

也许杨光照带领的这支队伍没有惊天动地的英雄壮举，但他们把忠诚奉献给了守护天眼的事业。"天眼"虽然已经顺利投运,但"天眼供电服务队"的服务仍未停止,杨光照和队员们继续在"守初心、担使命"中砥砺前行。在谈及今后的打算时,现任平塘县供电局副局长的杨光照说:我们将一如既往地用心、用情服务好中国天眼的用电,保障"天眼"出好成果,出大成果。

坚实的"防火墙"

雷远方

1

坐落在平塘县南部巍巍群山之中的"中国天眼",是目前世界上最大、灵敏度最高的500米口径球面射电望远镜。2016年9月落成启用后,围绕"中国天眼"设置的五公里核心区、"中国天眼"台址和附近"中国天眼"总部办公区域就成了"禁地",外人难以进入。访客要目睹"中国天眼"的雄姿,只有乘坐摆渡车行进一段,下车后再登上位于高山之顶的科普瞭望台,才能远观其势。然而,梅良峰却能多次进入"中国天眼"台址核心区。

梅良峰,何许人也?

他是平塘县消防救援大队的一名专业一级指挥员,到"中国天眼"总部办公区是为了开展消防工作,排查火灾隐患。

坚实的"防火墙"

梅良峰是贵州遵义人，2002年开始从事消防工作，2017年被调入平塘县消防救援大队，从此便与"天眼"结下不解之缘。那时，中国天眼落成启用不久，仍在试运行阶段，总部办公区的消防工作急需专业技术人员的指导，而最合适的人选就是梅良峰。

梅良峰被调到平塘后，第一次下乡就是去"中国天眼"台址和总部。

他事先通过电话向"天眼"总部报备人员信息和车辆牌照，与大队其他技术员驱车80多公里才来到总部设在牛角的卡点，工作人员核实身份并与总部办公室对接后，才给他们放行。

来到台址，"中国天眼"近在咫尺，6座高大的吊塔，直径500米的巨型"天锅"，熠熠生辉的反射面，反射面中央微微摆动的馈源舱，无不

吸引着梅良峰的目光。

第一次近距离看到"中国天眼",梅良峰很是激动,为自己能来这里工作倍感自豪。当然,这份自豪感更加激发了他的工作热情。

消防知识培训和应急演练是梅良峰在台址和总部的重要工作之一。每次培训,梅良峰都手把手教学,他态度和蔼、讲解细致,学员们都十分喜爱这位"老师"。

"用手提起灭火器的提把,让灭火器保持水平垂直的状态,拔掉保险销,一只手握住喷管,在距离火焰2～3米处将灭火器的喷管瞄准火源。灭火时注意应在距火源相对较近的位置,要顺风方向喷射,并且人要站在火源的上风方向……"

他的培训主要针对初期火灾的扑救、灭火器和室内外消火栓的使用,以及消防安全知识的宣传普及等。2017年以来,他先后组织总部工作人员培训24次、应急演练10余次,累计参训人员达300人次。培训增强了参训人员的火灾防范意识,为保障"中国天眼"的安全运行奠定了良好基础。

除了培训人员和开展应急演练外,梅良峰还定期到台址办公区检查消防设施。检查内容主要有室内外消火栓、火灾自动报警系统、疏散指示标识、应急照明、灭火器、疏散通道等。"天眼"启用以来,他先后开展消防安全检查24次,发现火灾隐患46条,并全部督导整改完毕。

"消防安全管理制度不够健全。"

坚实的"防火墙"

"这个灭火应急救援预案还需要进一步完善。"

"这里应该增加一个安全出口标识、疏散指示标识，还要增加一个应急照明灯、灭火器……"

…………

在查阅办公区消防安全资料或者检查消防设施时，梅良峰都会及时向负责人提出自己的修改或整改意见，以便进一步做好"天眼"消防安全管理工作。

2017年以来，梅良峰先后进入"天眼"核心区三十多次，成了一个特殊的"访客"。能为"中国天眼"工作，梅良峰感到非常自豪。同时，梅良峰保持着对知识的渴求，遇到天文学家到总部讲学时，他都积极参与，拓宽自己的知识面，感受天文学的魅力。

2

笔者到平塘县克度镇专职消防站采访时，正遇上负责人索焕凯在召集小组长李兴宝、陈尹锭、余兴彪开会布置工作：

"一组明天休整；二组明天的任务是沿着航龙至牛角至访客中心进行巡查；针对近期旱情，三组明天的任务是查看五公里核心区大塘寨水库、绿水水池、刘家湾水池、桃园洞水池消防用水的储备情况……"

克度镇专职消防站位于天文小镇航龙湾的安置区附近，专门负责

"中国天眼"的防火安全。

得知我的来意后,索焕凯欣然接受了我的采访。

索焕凯今年三十七岁,2009年从贵州民族大学科技学院毕业,2014年考入克度镇政府工作,曾参与"中国天眼"五公里核心区旅游道路修建和航龙村房屋拆迁工作。2018年由克度镇派到县城移民安置点北环社区工作,后调到平塘县应急管理局,专门负责克度镇、塘边镇消防站管理工作。

"平塘县克度镇专职消防站是何时建立的?"我开始了采访。

"这个消防站是由前期的'中国天眼'专职森林防火队'演变'而来。"索焕凯回答,接着他介绍了消防站的"前世今生"。

2020年12月29日,中共贵州省委员会、贵州省人民政府主要领导专程到平塘督导调研"中国天眼"和周边环境安全保障工作,并对"中国天眼"的安全稳定运行提出了更高的要求。之后,中共平塘县委、县政府立刻制定了《平塘县"3+1"中国天眼森林防火联防联动工作机制》,形成县、镇、村三级与中国科学院国家天文台FAST观测基地森林防火工作的联防联控,抽调了18名生态护林员组建"中国天眼"专职森林防火队。2021年,"中国天眼"专职森林防火队更名为"中国天眼"专职消防应急救援队,生态护林员由18名增加到30名。2022年1月25日,平塘县克度镇专职消防站正式挂牌成立,中共平塘县委机构编制委员会明确为平塘县应急局增设的股级单位,消防站有5名事业编制管理人员,并招聘了30名专职消防人员。2022年7月,消防站划归平塘县消防大队统一管理。

"消防站的主要职责是什么?"我又问。

"我们的工作,一句话就可以概括:专职负责'中国天眼'五公里核心区森林防火巡查巡防、核心区三个卡点应急值守等相关工作。但实际上,开展工作的难度是非常大的……"说到工作,索焕凯滔滔不绝。

消防站建立后,工作千头万绪:五公里核心区的基本情况调查,对所招聘人员的管理,消防车辆、高压水枪、风力灭火机、割灌机的使用培训,巡查线路的开辟,水源点的寻找,后勤工作保障,等等。这些繁杂的工作,均由索焕凯负责安排落实。

"中国天眼"五公里核心区涉及平塘县克度镇、塘边镇和罗甸县沫阳镇共12个村,范围非常大,而且区内山高林密,沟宽谷深,山岩陡峭。为摸清情况,索焕凯带队开展排查工作。春寒料峭,山里雾气蒙蒙,阴冷潮湿,寒风刺骨,入山没多久,大家的衣服和裤子就全湿了,好几个队员后来都患了重感冒。

通过3个月的排查,核心区内有几条小路、几个水库、几个水池、几个水窖、几条河流、几座大山、几片森林,索焕凯与队员们都"摸"得一清二楚。调查结束后,他们制作了五公里核心区森林防火救援作战图、五公里核心区交通路网图、五公里核心区公路、河流、水资源图、五公里核心区隔离带区域图、观察哨和线路值守图等,并悬挂在消防站墙上,便于更快更好地开展工作。

　　消防站过去没有办公房，只能租用金塘村村委会办公楼办公。2021年10月，平塘县争取到黔南州林业局项目资金2650万元，在克度镇航龙村航龙湾修建了三层的办公大楼，总建筑面积有1368.23平方米，2022年5月消防站搬入大楼办公。大楼含办公用房、运动场、停车场、篮球场、训练场等，并建设了"中国天眼"5～30公里核心区智能化监控系统，在平塘、罗甸、惠水三县范围内设置了38个摄像头。监控系统对区域内的森林火险设置预警报送功能，一旦发生火情，第一时间电话通知事发地护林员前往核实，对核实结果进行分析研判后，立即组织力量对火灾进行扑救。

　　对核心区进行高科技全覆盖，使消防站的工作开展起来如虎添翼。

　　"智能化监控系统启用后发挥作用了吗？"

"当然。例如2022年6月30日7时36分,系统预警克度镇同心村蛇骨组农户在自家地头烧秸秆,我们便及时电话通知同心村护林员前往了解情况,并派出队员前去处置,同时向该农户进行森林防火宣传。智能化监控系统为我们的工作开展奠定了坚实的基础。"

"队员是如何开展工作的?"

"我们将30名队员分为三个战斗组,每组10人,由一名退役军人担任组长,轮流开展巡查巡防工作。每天巡查巡防3个卡点、15个值守点,队员每天往返行程80多公里。此外,我们还组织队员投入300多人对环绕'中国天眼'的防火隔离带进行维护,砍割隔离带内的柴草,对能够进入核心区救援的小路进行维护,先后维护13条小路约3公里,有人戏称我们为'钻山豹'……"

采访中,我感受到了中共平塘县委、县政府为保障"中国天眼"安全运行所作出的积极努力,也感受到了消防站这一群"钻山豹"的艰辛付出。

3

克度镇专职消防站35人中,5人为事业单位在编人员,30人为招聘的专职消防人员。5名事业编制管理人员为索焕凯、王波、张洪铨、罗致敏、杨举;30名专职消防人员中年龄最大的四十四岁,年龄最小的二十四岁,平均年龄三十一岁,其中有退伍军人4人,大专学历以上者5人。

在消防站采访让我深深地感受到：在这一支年轻、充满活力的队伍中，所有的队员都在努力克服自身困难，充分展示他们对工作的热爱和执着。

索焕凯家中大女儿四岁，小女儿一岁，妻子刘凤恒在卡蒲乡政府负责乡村振兴工作，工作杂而多。两地距离虽仅1小时的车程，但夫妻俩聚少离多，无法好好照顾孩子，只好将孩子交给父母照顾。

潘启毅，本科毕业，是消防站学历最高的队员，福泉市马场坪街道鱼酉村人，2015年进入大连海事大学航海学院就读航海技术专业，2016年到西藏昌都服兵役，2018年退役后回到大学继续完成学业，期间认识了在华南农业大学读书的女朋友——平塘人杨伟。2020年与杨伟结婚，杨伟毕业后回到平塘县者密镇拉岩村工作。2021年女儿潘杨曦月降生。为了与妻子团圆，潘启毅大学毕业后便到消防站应聘，每月工资3000元。自己工作忙，妻子在村里的工作也很忙，只好将女儿委托给自己的妹妹潘薇薇照顾。夫妻俩在平塘县城租了一套房，但两人一个月都难得见上一面。现在妻子怀孕6个月了，潘启毅又因无时间照顾而深感内疚。

余兴彪是退役军人，二十九岁，克度镇人。2022年5月中旬正是森林防火期，妻子生孩子，余兴彪仅请了两天假，送妻子到罗甸的医院。孩子出生后，把母子俩交给自己的母亲照顾，他就返回单位参与到巡查巡防的工作中去了。

曾廷文，三十八岁，家就在消防站对面的航龙湾安置区，家里有八

坚实的"防火墙"

口人,父母、妻子、两个孩子和岳父岳母。2022年8月中旬,患有高血压的岳母摔倒受伤住院,年近六旬的父亲也突然晕倒住院。亲人住院时,曾廷文均在五公里核心区内当"钻山豹"巡查巡防,队员进山,按要求不允许带通信设备。妻子电话打不通,无法告知曾廷文,只好自己找车送两个老人去医院……

……

提及家里的困难,他们只是笑笑,说,感谢亲人的理解,没有他们的支持,我们就不能安心守护"中国天眼"。

如果说巡查巡防是为"中国天眼"设置"防火墙"的话,那么这一支队伍本身就是一道"防火墙",他们的亲人也是护卫这一道"墙"的力量。

与南仁东结缘

李金喜

一个是大名鼎鼎的科学家，一个是普普通通的山里农民，他们因中国天眼走到一起，因中国天眼而结缘。这个科学家就是中国科学院国家天文台的南仁东，而这个农民则是原本生活在平塘县克度镇绿水村"大窝凼"组的村民杨天信。

时光回溯到1996年夏季的一天，青年杨天信从山外回来，快到"大窝凼"山坳时，听见一阵嘈杂的说话声。走近一看，发现一群外地人在山坳的古树下交谈，不时还对着"大窝凼"方向指指点点。这些人中，还有两个蓝眼睛的外国人哩。陪同的是村干部王安贵，他是杨天信的大舅爷。看他们那样子，已经聚在这里许久了。

这些陌生人跑到"大窝凼"来干什么？难道这里发现了矿藏？杨天信心里打了个大大的问号。

上过初中的杨天信站在一旁听着，却听不懂——他们说的是外语。他走到王安贵身边悄悄打听，才知道他们都是科学家，来这里考察大"天锅"安装的事情。

发言最多的是一位个子比较高、看着有五十来岁的中年人。他在用流利的英语与外国人交流。此人头戴草帽，戴着眼镜，嘴上蓄短胡须，身着白色短袖衫，脚穿解放鞋。听王安贵说，他就是国家天文台的科学家南仁东。

"下暴雨的时候，窝凼里会涨水吗？"南仁东问王安贵。

"会涨的。"王安贵回答。

"水会淹没窝凼底吗？"

"从来没有淹过。"

"水都到哪里去啦？"

"漏走了，"在旁边的杨天信插话，"因为窝凼里边有个消水洞，好多水都从那里漏走了。"

"太好了！太好了！"杨天信这句至关重要的补充让南仁东有些惊喜。

突然一阵山风刮来，南仁东的草帽被掀翻，飘挂在不远处的刺蓬上。杨天信见状，连忙走过去取下草帽，转回来递给南仁东。

"小伙子，辛苦你了！"南仁东拍拍他的肩膀以表谢意。

"对了，小伙子，他们说的消水洞在哪个位置？能不能再辛苦你一下，带我们下去看看？"

"可以的。"

南仁东转身招招手，招呼同行人一起，大家跟着杨天信向窝凼底部走去。

一条"之"字形的羊肠小道被茂密的野草和灌木遮蔽，路很陡，行走有些困难，加上天气酷热，一行人全身都是汗。

大约二十分钟后，大家来到窝凼底，只见里面宽阔平坦，几块不大的田里，水稻长得很茂盛。稻田旁边落着成排的木瓦房，错落有致。山边牛马吃草，鸡鸭散步，几条狗"汪汪"叫个不停。杨天信大喝一声"不许叫"，吠叫声立即停止了，狗儿们摇着尾巴向杨天信迎过来。

南仁东驻足，环顾四周景色，不由得赞叹起来，这真是一个世外桃源！

大家来到杨天信家的木瓦房前，上了九级石阶梯，就进了他家门。

父亲杨朝民看见儿子带来一群客人，笑容满面地出来迎接，待客人都坐下后，又连忙转身进屋忙起来。不一会儿，杨朝民从灶房里出来，一手提着热气腾腾的茶壶，一手抱着一摞土碗，给客人分别倒茶。

专家们一边喝茶，一边观看着"大窝凼"底部的环境，并轻声交谈着。天气炎热，丛林四处响起蝉鸣声，此起彼伏。才坐下不久，刚才还是阳光灿烂的天空一下子阴沉下来，黑色的云团在四面山头上聚集、翻滚，接着电闪雷鸣，一场倾盆大雨"哗啦啦"地泼洒下来……

本以为考察队员们会趁着下雨稍事休息，南仁东却站了起来，兴奋地说："真是赶巧了！正好去看消水洞。"

"雨太大了，等停了再去吧。"杨天信建议道。

"老天也在帮助我们，难得这样的机会，现在去看是最好的时机。"南仁东执着地说。

杨天信劝不住，只好到邻居家借来雨伞、竹编的斗篷分发给大家。跟父亲交代几句后，便带着南仁东的团队及当地的陪同干部向消水洞走去。

山区大雨，来势凶猛，雨水不断从四面山坡流下来，向着"大窝凼"底部汇聚，一路上脚底下都是水。大家挽起裤腿，冒着大雨，踏着泥泞的田埂，往东走了大约两百米，到达消水洞。

洞口周边草木茂密，洞深约三米，宽约十米。奔涌而来的山洪汇集到窝凼底部的稻田里，然后涌入洞中，发出"轰隆隆"的声响。南仁东就站在暴雨中，一边仔细观察雨水进洞的情况，一边询问杨天信。

"每年下暴雨时，雨水淹没过庄稼吗？"

"很少淹没，雨水最大的一年淹过低矮处的几块田，但不久就消完了。"

"流进洞中的水从哪个地方出来？"

"听老人们说，要从几十公里外的罗甸县董当乡出来，因为那里比'大窝凼'还低一百多米。"

"老人们是如何知道的？"

"有一年快要下大雨前，老人们把好多稻谷糠倒进洞里，然后跑到董当乡等待，后面真的从出水口冒出谷糠来。"

"太好了！太好了！"南仁东高兴地说："你们山里人真是太聪明了，这也算是一次科学考察啊！"大家听了，都哈哈笑起来。

现场考察结束后，雨也变小了，有人提议回去，却被杨天信挽留下来。

"下雨天，留客天。即使我不留你们，老天也要留你们呀！现在雨还下着，大家很难爬上山坳，还是回我家里避避雨再走吧！"

南仁东看着浓厚的雨幕，想想杨天信的话也有道理，便招呼大家跟着杨天信走。

到了家门口，杨天信家灶房炊烟缭绕，两个年轻妇女正在门口忙着清洗锅瓢碗盏，一股香喷喷的味道扑鼻而来。南仁东一看，就知道是怎

与南仁东结缘

么回事了,忙说:"小伙子,这次已经麻烦你了,不好意思再打扰你家,我们马上走。"

还没等大家转身,杨天信的父母及几个邻居就笑眯眯地出来,连忙拉住大家,真诚地说:"你们是为国家做大事的,大老远来一趟不容易,尝一下我们的农家饭吧!"

等大家都入座后,杨天信笑着介绍:"米饭、土鸡、腌肉、豆腐、白菜、米酒,这些都是原生态的,请各位老师多吃一点……"

面对纯天然的"环保"饭菜,甘甜爽口的土酒,尤其是主人家浓浓的盛情,客人们盛情难却,欣然享用。

席间,杨天信及邻居们忙前忙后,一会儿双手接碗给客人盛饭,一会儿逐一转到客人身边恭恭敬敬地斟酒，考察团队真切地感受到了山里人的淳朴和善良。

吃完饭，雨也停了。客人们辞谢主人后接着赶路，杨天信一家和邻居们在路边目送他们离开。看到客人爬上了山口，杨天信才兴奋地告诉乡亲们专家们此行的目的，大家一听都兴奋不已。

自此以后，专家们又陆续来过"大窝凼"好多次，考察结论是什么当地人也不知道。克度镇里的干部到绿水村办事，闲聊时也少不了提到"大天锅"、科研基地，但谁都说不清楚是怎么一回事。

又过了若干年，当地政府组织"大窝凼"组的乡亲开会，镇干部李光辉兴奋地宣布：国家已经把"大窝凼"作为世界最大单口径球面射电望远镜的重点选址，计划修个直径500米的"中国天眼"。原因是这里有着天然的喀斯特洼坑，坑内有漏斗，即使四周山洪汇集，也不会淹没洼底，而且深度适宜，岩石承载强度也达标。项目一旦落户，大家离好日子也就不远啦……

听到这个消息，杨天信与乡亲们一样，脸上溢满了笑意。"大窝凼"的春天，真正要来了！

2008年夏天，杨天信目睹了前期地质科研团队进驻绿水村。他们把钻机、钻杆、发电机、柴油机、抽水机、测斜仪、地质锤、罗盘等百余件勘测设备及生活用品运到了离"大窝凼"山坳还有4公里的桃园洞。这一次，南仁东也来了，镇领导李国斌陪同。

与南仁东结缘

在桃园洞对面的山垭上,南仁东摘下眼镜,用纸巾擦拭后又戴上。他欣赏着周围的景色,聆听着布谷鸟婉转的叫声,脸上露出灿烂的笑容,而后,他悠然地点上一支烟,凝望着"大窝凼"方向陡峭的山崖和蜿蜒狭窄的小路,神色似乎有些忧郁。

南仁东的一举一动和情绪变化,被一直陪同的李国斌看在眼里。

"南老,您怎么啦?"李国斌关切地问。

"这些笨重设备怎样搬运上去呀!"南仁东忧心忡忡。

"请南老放心,我们有的是办法。"李国斌安慰道。

随后,李国斌去到"大窝凼",找群众商量解决这个问题。

"在咱们'大窝凼'建大射电,可是千年难遇的大好事哟,到时我们可以搬出大山,告别脸朝黄土背朝天的苦日子喽!可是很多工作还需要大家多多支持……"李国斌发动群众。

听说要搬运设备,杨天信第一个报名。在杨天信的带领下,"大窝凼"内12户人家,无论男女老幼,只要有劳动能力的,都自愿报名参加搬运劳动队,加上后来加入的"大窝凼"外的部分村民,整个队伍超过了30人。

在李国斌的引荐下,杨天信与南仁东又见面了。

一见面,双方都感到惊愕。瘦高个子、蓄短胡须、戴眼镜、身穿白色短袖衫、脚穿解放鞋,这一切都让杨天信觉得很面熟,只是人的面相老了不少,皮肤也黑了许多。

"您是南老吧?"杨天信有点不自信地问。

"啊！你就是十多年前带我们到窝凼底考察消水洞，热情招待我们的那个小伙子呀！"南仁东认出了他。

"就是我呀！"

双方热情地握了手。

当杨天信开门见山表示愿意组织在家的村民完成搬运设备任务时，南仁东高兴地拍着他的肩膀说："你办事我放心，咱们有缘，我相信你能完成任务。"

"咱们谈一下工钱吧！是按工天给？还是包干？"南仁东征求杨天信的意见。

"南老不是说咱们有缘吗，怎么还兴讲这个？"杨天信将了南仁东一军。

当天，杨天信通过科研团队后勤人员的现场指认，盘点了所有设备的种类、数量，摸清了重量和形状，确定好了搬运方案，接着就跑回家通知乡亲们。

在杨天信的带领下，搬运队伍浩浩荡荡地进军桃园洞。第一天，大家先把所有的帐篷及其附件送到"大窝凼"山坳上，用锄头平整好场地，帮助搭帐篷，建临时办公用房和生活用房。第二天开始，搬运队员有的用镰刀砍开路旁的刺蓬和荆条，有的用木杠和绳索抬笨重的设备，有的用麻布口袋扛勘测资料，有的用背篼背零散的器材和生活用品……每一件事都做得有条不紊、一丝不苟。

杨天信与几个年轻力壮的村民负责运送重型机械。

有一次,他们用四人抬杠的方式抬着几百斤重的发动机爬坡。到一处高坎时,走在后面的杨天信隐约听到中间的主杠发出吃力的"吱——吱——吱——"的响声,随即看到主杠中心处迅速张开一道裂口。

他急忙喊道:"注意!注意!快用手扶住发动机……"话音刚落,主杠"咔嚓"一声断了。

慌乱中,杨天信左脚踩翻了一块松动的石头,身体重心失衡,跌了一个侧翻,身体飞快向坡下滑溜。他眼疾手快,本能地用一只手抠住了旁边一块大石头,另一只手还护着发动机。滑溜的瞬间,他的下身刚好被一个树桩挡住,这才幸免于难,没摔下悬崖绝壁。他的小腿被划出一条口子,鲜血直流。其他的伙伴正用一只手扶住发动机,另一只手胡乱抓着树枝和茅草……在这个紧要关头,大家齐心协力,依仗着靠山石壁,用身体和手脚死死抵住发动机,最终确保了设备完整无损。

"我的妈呀,好危险!"事后有人感叹道。

杨天信他们仅用四天时间,就把所有的勘测设备及生活用品完整无缺地运送到临时办公处。

事后,南仁东把参加搬运的村民召集起来,又是发矿泉水又是递烟。大家以为南老还需要帮忙,都迫不及待听他发话。

南仁东说:"乡亲们给我们运送设备和生活用品,流血流汗,杨天信还差点牺牲性命,大家辛苦了!"然后他对着大家深深鞠躬,接着说:

群星璀璨——中国天眼背后的人们

"现在召集大家来的目的只有一个,就是给每人发放每天五十元的务工费。请天信报一下大家的出工情况。"他边说,边拿出笔和本子准备记录。

话音刚落,大家不约而同地摆摆手,不一会儿就走得无影无踪。杨天信半开玩笑地说:"南老,如果要发工钱的话,我们就不允许您在这里建大射电了呢!"

后来,科研团队除了在山坳上设立重点观测站外,还在不同的山顶、山腰和窝凼底安装了无线电监测设备等,也是杨天信组织村民们为他们运送器材。

总结前面搬运的经验,结合这次很多地方无路且坡度更陡的情况,

大家每前往一个监测点，会先用柴刀和大锤开辟出一条人能够通行的路来，然后又挑又扛，把一箱箱监测器材艰难地送到位。对于那些上百斤重的发动机，仍然采取四人抬杠的方式，但增加了在后面推、旁边扶、前面拉的人员。

帮忙把器材运到各个点后，搬运队伍又轮流二十四小时到各点值班看守，一直到勘测工作结束。在近半个月的地质监测工作中，杨天信一家以及乡亲们几乎是与南仁东的团队同呼吸共命运，共同顶着烈日和暴雨战斗在山岭上。

勘测队驻扎在山坳上，没有水煮饭，杨天信就叫父亲杨朝民每天从"大窝凼"给他们挑水上去。可每天挑的水只够饮用和煮饭，如果要洗衣服或者冲个凉就不能满足了。杨天信想到山坳旁边石壁下有个约两立方米的圆形石窝凼，上面有一股清澈的岩浆水流进凼里。为保障大家用水，他将石窝凼改造成一个不漏水的缸子，水缸积满水后，基本解决了勘测队用水问题。

在勘测队工作期间，杨天信一家人自始至终在南仁东身边做服务，帮着背工具、扶钻杆、整理电线等，事无巨细，哪里需要就奔向哪里，有时还会受伤。"大窝凼"距离克度镇上三十余公里，那时交通很不方便，买蔬菜都困难。杨天信就叫母亲王炳英和妻子舒德美时不时无偿地给专家们送去白菜、四季豆、鸡蛋、豆腐等。

有一次，南仁东的团队要到距离"大窝凼"七八公里外的水淹凼勘测地下水源情况，途经之地均是人迹罕至的山路，杨天信负责在前面当开路先锋，为科学家们排除路障。谁知他自己却在途中一脚踩空，翻滚到路坎下，嘴唇刚好碰到一块石头上。当他爬起来时，感觉嘴巴有些麻木，用舌尖顶了一下，发现一颗门牙不见了。他用左手捂着还在流血并肿大的嘴，继续坚持带路。看到杨天信受伤，南仁东非常心疼，马上叫他找个地方坐下，并从包里取出备用的药棉和酒精给他清洗消毒，然后劝他先回家休息。杨天信回去用刺儿菜捣碎进行了止疼消炎处理，第三天又回到了南仁东身边。

在艰辛的勘测工作中，南仁东的团队翻山越岭已是家常便饭。坎坷不平、荆棘丛生的山道给他们带来很多困难。有一天，他们去三号监测点工作，当跨过一道山沟时，专家们发出一声惊叫，纷纷往后退。陪同的杨天信挤上前一看，原来是一条手臂粗的眼镜蛇盘旋在路中间，昂起饭瓢般大的脑袋，吐着红色的信子，随时准备向人发起攻击。

"大家不要怕，等我来。"杨天信随即掰断路边一根小树枝，慢慢挑起毒蛇，把它赶走了。

为了避免这样的危险，每次行走山路，杨天信都走在最前面。他和父亲制作了三十余根拐杖发给大家。接过一根根光滑、精致的拐杖，大家向杨家父子竖起了大拇指。因为有拐杖在手，专家们上坡下坎时省力又安全，路遇蛇虫当道时能化险为夷，进村入户有恶犬袭击时可以自我防护。这些拐杖一直陪伴南仁东他们走完勘测工作的全部历程，勘测工作结束后，专家们把拐杖珍藏起来，作为参加"中国天眼"勘测工作的历史见证。

2008年12月26日，中国科学院和贵州省人民政府在"大窝凼"共同举行了FAST工程奠基典礼。2009年，杨天信一家和"窝底"的12户村民正式开始搬迁。

搬迁到镇上安置区后，政府考虑到搬迁群众没事干，在2011年3月大射电工程正式开工后，便安排有劳动力的村民回到"大窝凼"，参与修建FAST的基础设施。杨天信被安排在警务室当民警。

有一天，建筑工地上两个外地民工发生纠纷，矛盾双方是一男一女，在斗殴过程中，女的凭借身高力大把男的打伤。杨天信接到报警后立即奔赴现场制止，按照警务室的处理意见，男方受伤治疗的五百元医药费由女方赔付。可后来女方迟迟不给，男方便邀约同伴罢工，还扬言要报复女方。

这时南仁东刚好到工地查看施工情况，发现工人减少了，现场询问究竟。听了事情经过后，南仁东焦虑地说："出现罢工，不但影响工程建设进度，而且破坏了大射电建设的文明形象。"

南仁东急忙到警务室了解他们是如何处理此事的，一进门就看到杨天信正在给双方做思想工作。经过一番苦口婆心的劝说，男方表示不再闹了，女方也道了歉，但表示医药费要等发工资才有钱支付，请男方谅解。为将此事尽快画上句号，杨天信现场自掏腰包，将五百元现金递给女方，作为借给她的医药费。事情结束后，杨天信又叮嘱他们："能够在大射电务工是缘分，以后大家都不要再提这事了哈！"双方同时点头。

矛盾化解了。南仁东连连夸奖杨天信，感谢他对工程建设的辛勤付出。

自 FAST 工程开工后，建设者们夜以继日地工作，没有机会回家过节团聚。2012 年农历正月十四日，是传统的元宵佳节。当地政府特意为工程建设者们安排了丰盛的慰问晚餐，参加晚宴的有科学家、设计师、地方党政领导、后勤管理人员、安保民警以及民工等百余人。宴会刚开始，南仁东端起酒杯，首先走到杨天信面前，紧紧握住他的手，敬了第一杯酒，深情地说："天信，你是我最亲的人！"

这么多年过去，当年的小伙子变成了老人。而南仁东却在完成"超级任务"后，因积劳成疾，早早离开了人世。但杨天信觉得，南老始终没有离开过"大窝凼"，离开他为之奋斗了几十年的"大天锅"。

杨天信因"中国天眼"与南仁东结缘，又因这个缘分搬出大山。他们夫妻俩用搬迁的补偿款在镇上买了楼房，楼下用来开店卖轮胎。他们专门请来师傅学习汽车修理，因功夫过硬、服务周到，店里生意兴隆。如今，杨天信的大儿子杨鹏已毕业于黔南职业技术学院，现在克度镇马鞍山社区上班，大儿媳妇毕业于海南医学院，目前供职于平塘县中医医院；小儿子杨杰在当地当特警。现在全家的日子与搬出"大窝凼"前相比，真是发生了翻天覆地的变化。

"天眼"卫士

谢沁立

喧嚣的人声一点点减弱，直至消失。目送最后几名游客乘景区专用车离开，张辉平开着警用巡逻车沿着山路继续巡查，直开到最底部没有路的地方才停下来。这条山路，从最初的一路荆棘，到后来的林间小路，再到现在宽敞平坦的柏油马路，他和他的战友们步行、骑车走过无数遍。

清脆的鸟鸣声此起彼伏，更显出周边山谷的幽静，伴随着柔和、轻微的"呼呼"风声，犹如大自然弹奏的和弦。张辉平抬头望去，十几米的高处，硕大的"天眼"遮挡着天际，似乎把整个天空都包容了进来。组成"天眼"镜面

127

的四千多块反射板，每一块上面都布满了密密麻麻的小孔，那动听的和弦就是风穿过小孔发出的声音。

站在"天眼"之下，张辉平静静地倾听着……

张辉平是平塘县公安局克度派出所所长。由 10 位民警、18 位辅警组成的克度派出所，辖区面积 287 平方公里，人口 4 万多。500 米口径球面射电望远镜就矗立在他们的管界。

从 2009 年 9 月到 2016 年 6 月，两千多个日日夜夜，克度派出所大射电警务室的两间简易板房一直忠诚地守护在这个名叫"大窝凼"的洼地旁边，保护着这个国家重大科技建设项目。

"天眼"的降临，让克度镇成为平塘县发展的重中之重。警务室刚刚建起时面对的第一个难题，就是让 FAST 台址里面"大窝凼"的 12 户人家搬迁。

这亲连亲的 12 户人家，祖祖辈辈都住在世外桃源般的"大窝凼"里，每日炊烟缭绕，鸡犬相闻。因为没有出山的路，六十多岁的杨天学老伯从几十年前就过着这样一种日子：每次到克度镇上赶集，凌晨 3 点就要起床，背着自家种的农产品出门，翻山越岭 7 个小时，到场坝卖了农产品，买些油、盐和日用品，胡乱吃几口干粮后，又要匆匆赶回山坳里的家。孩子们上学也不容易，从山坳到半山腰的靛塘小学，要走近 1 个小时的山路。可生活再艰苦，这里的人们也舍不得留有世代宗族印迹的老宅。

"天眼"卫士

部分乡亲一开始不愿意搬迁。克度派出所民警杨天荣、刘朝宇走进山坳，和乡亲们唠唠搬家的事。民警说着，乡亲们默默地听着。这12户人家的老老少少早把这两个小伙子当成了亲人。每次他们翻山越岭过来核对户口、采集信息、办身份证时，乡亲们都会将家里遇到的大小事情和他们念叨一番。淳朴的乡亲们信得过民警。民警说，搬家吧，搬家后，国家会把你们的生活安排好，还归我们派出所管。犹豫了几天，乡亲们对再次前来的民警说，我们搬家，有政府建的移民安置房，还有自己的土地，孩子们上学也方便多了，住哪里不是自己的家呢？

2009年10月，"大窝凼"内12户人家的移民搬迁只用了一个月时间就全部完成。六十五口人住进了克度镇的移民安置房。

年轻的辅警李孝柱，身高力大，能吃苦。大射电警务室刚成立时，他就跟着两名民警和其他几位辅警，带着几袋大米、土豆上了山，陪着他们的只有一条叫大黄的土狗。

他们在"大窝凼"山口紧邻工程人员用房的地方搭起简易帐篷。山顶砂石多，帐篷不易拴牢，大风一吹，帐篷就倒，有时夜深睡梦正酣时，帐篷却被刮倒了。有几次，李孝柱猛一睁眼，就看见满天的星星，便赶紧披着棉被起身重搭帐篷。后来铁板房建起来了，条件才稍有改善。可是，铁板房也有铁板房的问题。下雨时房顶会"咚咚"作响，刮风时风声一夜无歇；深夜的铁板房里冰冷难耐，盖上两床被子也抵不住凉气侵扰。

工地粗具模样后,技术人员搬来了很多仪器设备。为了防火、防盗、防破坏,警务室就仿佛一颗定盘星,一直立在那里。

"天眼"施工伊始,上山无路,施工单位只得炸山劈出一条路来。民警骑着摩托车巡逻时,走不了多远就会遇到几十米甚至几百米都被石块"霸占"的路面,要想通过,必须一一用手搬开,才能留出一条小路来。

不过,山间值班的民警并不寂寞,除了小狗,小猴子和松鼠也常会突然出现在房前屋后。

"天眼"工程按计划推进着,"大窝凼"里也渐渐热闹起来。特别是几个项目同时作业时,工地上共有几千人昼夜奋战,民警和辅警在30个足球场大小的工区内二十四小时巡查,确保人员和设备安全。每天,民警都会走到工人们中间,记录他们的身份证号,晚上回到警务室再一一核对。每天有多少支工程队施工，有多少人在工地上忙碌，这些人来自全国哪些地方，派出所的台账上都记得清清楚楚。

"天眼"施工难度大、周期长，有的工程队要进驻两年，最短的也要七八个月。最近的施工点离克度镇要二十多公里，崎岖的山路拦住了民工下山的脚步，一天劳累过后，他们只能靠喝酒、聊天打发时间。一天傍晚，两支来自不同省份的施工队酒后起了争执。民警巡查时听见工地上的吵嚷声，连忙赶过去。几位年轻民警镇定地站在工人们中间，隔开矛盾双方，然后分头了解争执原因。好一会儿，民警才从众人情绪激动的只言片语中明白了原委，在深山中待得太久了，民工们想家，可手机又没信号，就借着酒劲抒发思乡之情，不知怎么的，就莫名地起了争执。

闻讯赶来的张辉平听了原委后,索性拉着民工围坐在一起,聊起了家常。在山坳里,在建筑工地旁,张辉平和民工们聊起眼前这个工程的价值,"举世瞩目的'天眼'有着咱们的功劳,将来我们的子孙都会为我们竖大拇哥的"。作为贵州大学环境工程专业毕业的大学生,张辉平觉得从警岁月中能有一段守护"天眼"的经历,是荣耀,他是非常自豪的。他也安静地听着民工们讲他们的家乡和亲人,渐渐地,民工们的情绪稳定了。虽然夜色已深,但他们意犹未尽,月光下的倾诉和倾听让警民之间、工人之间的距离一下子拉近了许多,感情深了许多,内心暖了许多。那晚之后,工地上绝少发生纠纷。

"天眼"开建的消息引来了来自全国各地的天文爱好者。但"天眼"是国家重点项目,不允许无关人员进场参观。劝返"天眼"的"粉丝",也成了民警们每天都要面对的难题。

2015年大年初一清晨,和同事在山上度过除夕的张辉平一走出警务室,就看见不远处的山路上开过来几十辆私家车。张辉平知道,前不久,一家新媒体报道了"天眼"的有关消息,这之后肯定还会有游客慕名到来。千里迢迢赶来的游客们希望能一睹"天眼",满脸期待地站在门口,施工方却不敢放人。眼见人越聚越多而且情绪逐渐激烈起来,张辉平和副所长路义军火速征得上级和施工方同意,由民警和辅警开车带领游客到山坳旁欣赏天眼,观看结束后立即返回——条件是必须全程听从民警指挥,不可擅自行动。那时,"天眼"的反射单元刚刚开始安装,山坳里仅有各种支撑物拔地而起，但场面依然很壮观。游客们见到这样的情景，不禁欢呼起来。

这个大年初一，为了让众多游客观看"天眼"，民警们来回跑动上百趟，直到傍晚，绵延几公里的私家车才都满意而归。

2016年的大年初六，民警王军对那天发生的事仍记忆犹新。当天，多名来自四川的天文爱好者驾车来观看"天眼"，带队的是三十岁出头的晓光。他们在大门口被辅警拦住，见无法进入，晓光和同伴离开大门，开车围着山左转右绕，误打误撞找到一条当地人都很少走的路。他们绕着陡峭的山梁，攀爬险峻的岩壁，用了6个小时，直到晚上8点多才爬上"天眼"北面的山梁。亲见"天眼"雄姿的几位来客兴奋得难以自持。然而，精疲力竭的几个人在经历了短暂的惊叹后，开始感到寒冷和恐惧。漆黑的山上，树影摇曳，风声响在耳畔。更可怕的是，他们迷路了。犹豫再三，晓光借着手机微弱的信号，拨打了110。

值班的王军接警后，大概摸清了晓光他们的方位，便让他们原地等待。"天眼"周围的路，王军每天巡查，已经烂熟于心。但即使这样，王军和辅警杜君峰还是在陡峭的山崖上艰难爬行了两个多小时，才找到饥寒交迫的几个人。这条路的坡度超过60°，一不小心就会摔下山崖。王军和杜君峰带着几个人回到警务室时，天已蒙蒙亮了。

2016年4月，离"天眼"竣工的日子一天天近了。按照规定，"天眼"投入使用后，方圆5公里属于无线电静默区，被确定搬离的人家超过 1000 户。克度派出所又一次全员上阵……

2016 年的国庆假期，"天眼"迎来第一个国庆黄金周。数以万计的观光者站在观景台上，感受着"天眼"的壮丽。那些曾经住在这里的乡亲们也挈妇将雏而来，他们欣喜地说自己也是"中国天眼"的一份子，也曾经为国家做了一点事情。

而张辉平和他的同事们依旧在忙。"天眼"之下，七年的光阴已静静地流淌而过，曾经的波澜已经刻进了他们的心底，成为他们的珍贵收藏。

你看，那"天眼"的"眼"清澈的目光和犀利的眼神里，有他们完全融入的情感，也有他们执着如一的坚守。那大写的责任，就像淡云清风，就像山石树影，随心，随形。警徽映衬下的那抹深蓝，将一直陪伴着"天眼"，一路同行。

八个鸡蛋的故事

陆庆开

"他就这样记情呀,我就做这么点小事,他特意托人送给我们这么珍贵的礼物!"这是采访陶成贵妻子张茂芬时,她说的第一句话。陶成贵家住在天文小镇航龙新宇安置区,过去这里几乎是一片荒地,如今成了热闹非凡的小区。

张茂芬老人年近古稀,面容慈祥和善,微胖的身子显得有些富态,虽不善言辞,但激动起来也会唠叨一阵子。她口中的"他"指的就是南仁东,"珍贵的礼物"说的是一块牌匾。

在我们的请求下,张茂芬老人起身走进卧室,拿出一块面积约60平方厘米、过塑好的精美牌匾。"这个平时舍不得挂起来,怕弄旧了。"她说。

还没等我们问,她就激动地说:"那是20年前的事了,也记不清具体的时间,就因为一次歇凉吧,我家里来了一拨人,其中就有个叫南仁东的科学家。虽然接触不多，我当时的一点小小的心意——八个鸡蛋，南老就念念不忘，把我们当成了亲人，后来还托人给我家送来这块牌匾。"

这块牌匾由 6 幅效果图组成，每幅图都有年代标志。从左上起，是一幅"大窝凼"原址的全景图，田庄、木屋、林荫、小道，充满乡土气息，时间标明 2011 年；左中是已开挖的天坑图，一片尘土飞扬的施工景象，时间标明 2012 年；左下角是一张已修建好的大射电基础环行梁柱图，分上、下梁柱，每间隔 5 米就用不锈钢套连起来，形成了一个环形梯字梁柱，时间标明 2013 年；右下角是一幅已成形的环形圈梁被高低不等的钢柱支在半空，形成基础座基，四周是星罗棋布的深绿色大山，时间标明 2014 年；右上方是由 6 根索带拖动的小房子一样的馈源舱，平看恍若一只蝴蝶在山间盘旋，时间标明 2015 年；中间一幅是俯瞰拍摄的包

八个鸡蛋的故事

含铁塔在内的天眼全景图，六座铁塔均匀地矗立在周围，一派雄奇的景象，周边还显示出景观台与大射电的出口，时间标明 2016 年。

匾的右上角标有一枚精致的红色图案，呈椭圆形，外圈加上实心圆形体，如炯炯有神的大眼睛，边上用蓝色英文注明"FAST"字样；右上角还标有"500 米口径球面射电望远镜（FAST）工程"字样。

张茂芬抚摸着这块精美的牌匾，陷入片刻的沉思。陶成贵在一旁补充道："南老觉得我们绿水人家和他有这么一段割舍不掉的情，就特意制了这块牌子送给我们。"

牌匾勾起了两位老人二十多年前的回忆……

那是 2003 年的一天下午，家住绿水村中寨组的张茂芬正准备下田摘猪菜，背起背篓往外走时，看见一拨陌生人往寨子走来，边走边向她招手，示意她等等。

张茂芬纳闷，这大山深处，这些人来干什么呢？正暗自嘀咕时，一个年轻人抢先跑了过来，向她喊话道：

"大婶，是我，您侄儿。这几个干部是从水淹凼过来的，串了几个山坳，走大半天了，大家有点口渴，来歇歇脚喝口水！"

她定神一看，原来年轻人是窝凼组的杨天信，后面的人也聚拢过来，全都是满头大汗。张茂芬就问："他大哥，带这么多人来寻宝啊？"说着，上下打量走在最前面的那个人——五十岁左右的年纪，头上戴个鸭舌帽，脸是黝黑的，留了撮浓密的小胡子，上身穿着件蓝色的制服，下身是一条半旧的牛仔裤，说起话来一口浓重的北方口音。

"有水吗，大妹子？凉水，解渴就行。嗨，这岩山路真能锻炼人的哈。"

张茂芬看看他们，随手把路上的柴草顺了顺，对大家说："先进来歇歇吧，我这就给你们煨茶。生水不能吃，我们这里的水是从山涧引来的，时间长了不好喝。"说着就把火生了起来。

她说的山涧水，是指 20 世纪 90 年代初由陶成贵牵头，村民们一起从三里之外的山岩缝上凿漕引过来、装在池子里的水。那时大家凑钱买了三千多米的胶管，撬石、打砂、买水泥、建水窖，几户人家各花去五六千元。就是这山涧水，给后来天眼建设的用水帮了不小的忙。

趁烧水歇凉的工夫，她悄悄把杨天信拉到一旁，问来的都是些什么人。杨天信用眼睛示意其中两个年纪大的，说："他们两个，都是科学家啊。那个年纪大的、蓄有胡子的叫南仁东；那年轻一点的叫彭勃。他们这些专家要来这里考察，看看山形地势。从'大窝凼'一个山头过来，走的时间长了,稍微在这里歇歇,一会儿还要去其他地方看看。"

张茂芬发现,南仁东很好动,他和彭勃到房屋外转了一圈后,进来就问这问那。当时,中寨只有三户人家,每家房屋的前面都有一个小院坝。堡坎上种有佛手瓜,牵满整个院子的边坎,绿油油的一大片,瓜花刚刚盛开,瓜果还没有成形。中寨就在山坳上,远处有八块不规则的田地,刚收割的田里有几堆谷草垛,十几只鸡在田间觅食。

中寨的另外两家姓韩,就在老陶家下坎的左右两边。左边是韩志军家,夫妇俩常年外出打工,两位年近六十岁的老人在家务农;右边是韩志兵家,母亲常年落病,他一个人在家照顾母亲。这三家人,聚在一起都坐不满一桌。

南仁东随杨天信在门口转了一圈,才从大门进了堂屋,看到了神龛灵牌上的三副对联,就对张茂芬说,你们陶家还是个大姓,有名望的人家呢。

"哎,不咋样,孩子他爹就在附近干活,这里叫中寨,过了这儿,就是'大窝凼'。"边说边把茶叶倒进沸腾的茶壶里。砂罐茶壶外表本身是黑的,被火燎烧过后更显得黝黑。张茂芬用布巾包着茶壶端下铁"三脚"。

"不好意思呢,我们家没啥子吃,就喝杯淡茶。"张茂芬说着就准备倒茶,被杨天信抢先一步,把茶倒在碗里,递给南仁东等人。

"嗯,这茶好,这茶清香爽口。"南仁东边喝边称赞。杨天信解释说,这是我们农村人讲的原茶，样子不怎么好看，但涩中回甜，解渴过瘾。

喝饱了茶，歇足了气，南仁东转身问杨天信："你问问主人家，这里有没有其他果实干粮之类的，我们跟主人买点，等一会解饿。"

"那我给你们煮饭吧，吃了饭再走。"没等杨天信解释，张茂芬就听出来他们没有吃饭。从话语中她还看出，南仁东是个领头的。茶水解决不了饥饿，家里又没有干粮和水果，煮饭才能解决问题。

"不用麻烦了，太耽误时间了，我们趁早出发去山顶吧。"南仁东果断地说，并询问带路的杨天信：这个山上的岩层结构如何？有经常落滚石的现象没有？"大窝凼"底脚是不是被洪水淹过？

张茂芬看在眼里，来的人中，有几个长得文质彬彬的，虽然喝了些茶，但无精打采，便说："你们等着，我找找去！"

张茂芬拿着个竹篮子，从屋里走进侧门，爬到圈房的矮楼上，从这个鸡窝摸到那个鸡窝，不一会儿工夫，四个鸡窝都摸尽了，才搜出几个鸡蛋。

她提着竹篮走进屋里，把鸡蛋放在桌上，有些欣慰又稍带愧色地说："家里没啥干粮、水果，就这几个鸡蛋。知道你们走困了，再不填些肚子，别说爬坡，光空手走路，都不一定走得出这山坳坳。"大伙儿顿时兴奋起来，都主动到门口去找柴火。

不一会儿，鸡蛋煮熟了。张茂芬用小盆端来冷水，一个个夹进冷水里冰一下。旁边的人一边看着她夹鸡蛋，一边数着鸡蛋的个数，看看鸡蛋够不够分。

一，二，三……一共八个。进山探测的一共有六人，主人发话了："大家自个儿拿吧，鸡窝都掏光了，家里的鸡最近就下了这些蛋，没其他可吃的水果和干粮了。不嫌弃的话，今晚回来住，我给大家做夜饭，我家成贵晚上回来陪你们喝两碗酒。"

杨天信向大家解释说，陶成贵就是她的丈夫，长期在外包工做石匠，帮人家砌堡坎、打屋基；两个儿子初中毕业就去广西打工了。张茂芬一个人守着三间木房，喂猪、养鸡，还得赶牛上山吃草，一天忙里忙外，很少有闲着的时候。

杨天信把张茂芬的心意告诉南仁东，南仁东立即摇了摇头，跟主人说："谢谢你的热情招待，这鸡蛋足够我们坚持几个时辰了。"

南仁东带头拿了鸡蛋，大伙才伸手去拿，"嗑嗑嗑"地剥开来，不一会儿就都吞个干净。盆里还剩两个，南仁东看看两个年轻人舔着嘴，想吃又不好意思伸手，就用命令的口气说："你俩各分一个，吃完了好跟主人家结账。一会儿我们年纪大的走不动了，由你们背。"说得大家笑了起来。

但是，杨天信看着南仁东和大个子专家彭勃，想着这两个人个头高，是队伍的领头，便抓起鸡蛋一人一个送了过去，说道："我们挨得惯，但你们趴不起，不然勘察找谁指挥去？大家说对不对？"大家异口同声地说："对呀！"两个鸡蛋最终还是推给了南仁东和彭勃。无奈之下，两个人推不过只得接过鸡蛋。

"好吧，那一会儿谁真的上不去了，我就给他抽抽屁股！"幽默的话语又把大伙逗乐了。

吃过鸡蛋，南仁东便从口袋里掏钱，张茂芬马上一口回绝，说这是我们的心意，怎么会要钱呢，来到这里就是客人，吃饭都是应该的，何况就几个鸡蛋。

但南仁东不肯，执意要算钱。他说："就算一个蛋值六毛钱，我们也得给你五元呀，在城里还不止这么点呢。"说着要把手上的钱递过去，这下可惹急了张茂芬。

"再不收回去，我就生气了！你们是做大事的，能上我们这穷地方来是我家的福气，看得起我们，以后用得着的地方尽管说就是，不嫌我们家穷就随时来。要是儿子他爹知道我收了你们的钱，那不唠聋我的耳朵才怪呢。"

杨天信也在旁边解释："我们这里就是这个风俗，虽然穷些，但人情味蛮浓的。按我们这边的说法，客人常来的人家人气旺，财源广。"他说得大家没了话，有的只是感动。

南仁东把钱收了回去，说："那太谢谢了，以后我们还要来，有事再找您。"说完就催着大家赶路。

张茂芬因为知道南仁东急着赶路，便建议拿一根木棒当拐杖，路上遇到高坎的地方可以帮衬一下。南仁东听了，从柴堆处拉出一根木棒，准备用手扳下枝叉，杨天信抢了过来，双手伸开测了测木棒的长度。用柴刀截断太长的地方，"刷刷刷"地剃掉了疙瘩，递给南仁东。

南仁东看着，竖起大拇指说："真不愧是行家里手，动作麻利得很啊！"然后再次感谢了张茂芬。杨天信继续带路，一群人拿着木棒，走进山坳。

张茂芬目送他们远去，收拾了屋子，便背起背篓摘猪菜去了。

当天晚上，陶成贵回到家中。妻子把下午的事说了一遍，说这帮人不一般，又讲道理又客气，幸好家里有些鸡蛋，也算是帮补了点营养。

当陶成贵听说领头的叫南仁东时，便很敬佩地说：我在附近干活也听说了，他为了争取把"大天锅"装在中国，跑了若干趟贵州，包括我们平塘呢。都说这个科学家普通得像个工人，可惜没遇着他老人家！

后来，"大窝凼"真正成了天眼落户的地方，陶成贵家也被列为搬迁对象，获得了60万元的补偿安置款。用这些钱，陶成贵在克度镇马鞍山社区和航龙购买了两套房子，2016年正式入住。两个儿子外出打工，夫妻俩在家带孙子孙女，喂了几只鸡，还养花、养蜜蜂，日子过得安逸。陶成贵逢人便说，在老家的日子倒是自由，但没今天这日子上档次。

在陶成贵家，我们看到一盆盆紫荆花爬向窗台，十几株兰花整齐地排列在院门外，微风吹来，沁人心脾，衬托着农家那份少有的温馨与淡雅。

2017年夏季里的一天，陶成贵一家和"大窝凼"12户人家通过特许得到一次回访的机会，由国家天文台的工作人员带路，去凹底观赏了天文台竣工情况。向导一路上耐心地给大家讲解，描述建设的每一个环节，解释南仁东等专家在建设中攻克的每一项难题。大家都觉得不可思议，仅仅四五年时间，偌大的"天眼"就"住"进了这个"大窝凼"，真是神了，南仁东真的了不起。

张茂芬当时就感叹说，老家的影子不见喽，只看到那几座熟悉的青山。陶成贵接着说，面朝黄土背朝天的日子总算熬过去了，这一辈子最幸运的就是遇到了好政策，遇到了南仁东，没有他，这日子没这么快变好！

当天下午在"天眼"体验馆参观，县领导把两块纪念牌匾赠送给杨天信和张茂芬，并郑重地叮嘱："这是贵州仅有的两块有'天眼'标志的纪念匾，受南仁东先生生前的委托，专门赠送给你们，是他对你们支持天文事业的一个回馈……"

张茂芬夫妇激动地接过牌匾，紧紧抱在怀里。

这是一份难得的殊荣，更是一位老科学家对人民群众的深情厚谊。

八个鸡蛋，一世情缘。

彼此的『明星』

谭学昆

1

"中国天眼"给我的回忆，不是我们通常看到的与浩瀚星空对话的宁静画面，而是在工地搭建的舞台上，在滂沱大雨中，中国众多文艺名家向'天眼'建设者致敬的感人场面。他们将对方视为真正的明星，紧紧相拥，真诚欢呼……

2016年3月25日，"中国天眼"开工建设已整整5年，距预期竣工时间大约还有半年。当时，中共黔南州委宣传部交给州文学艺术界联合会一个任务——为"中国天眼"工人送一场慰问演出。接到任务后，我们很兴奋，都想着趁"天眼"还没有被"唤醒"，给它一个惊喜。

前期筹备工作按部就班进行，包括到实地踩点。作为州文联办公室工作员，我有幸参加了这次活动。站在世界上最大的球面射电望远镜的钢

筋铁骨之上，感觉自己置身于宇宙的中心，巨大的反射面板不仅引发人无限的遐想，还可以让人预测到，"中国天眼"一旦竣工，不仅是中国的大喜事，而且一定也会迎来世界无数的赞誉和聚焦。然而，在这里挥洒过热血和汗水的工人们却要收起他们的工装和安全帽无声地离开。他们搭建了这个辉煌盛大的舞台，却不是最后的观赏者。因此，为他们送去一场慰问演出，这是关怀，也是纪念，更是向默默无闻的建设者们表达崇高的敬意。

美好的愿望和现实之间总隔着一座大山。黔南州图书馆四楼的会议室里，时任州文联主席的黄光兴多次组织召开专题研讨会，就如何呈现一场高质量的演出，如何能调动起工人们的情绪，如何通过演出宣传黔南、宣传中国天眼等事，展开了热烈的讨论。

"我的想法很简单，在中国天眼举办演出，这肯定是唯一的一次，以后都不会有了，一定要把这件独一无二的喜事办好。"州文联副主席曹燕说着,用手指不停地轻轻敲打着桌面,清瘦苍白的脸透着严肃。"我觉得,既然是给工人们送慰问、送温暖,舞台不用'高大上',但演员必须是顶尖的,节目必须是高水准的。要为他们送去一场用心、用情而又特别的演出,最好能让这群做出巨大贡献却又无名的工人们永远记住我们为他们用心打造的演出。"

说起来容易做起来难,曹燕对这场演出满怀期待,但要把这"简单的想法"付诸实践,却困难重重。她想起自己在担任中共独山县委宣传部部长期间,把独山花灯带进奥地利维也纳金色大厅时的自豪感和信心,她相信没有解决不了的困难。但她的精神状态已不如从前,经过几次手术和化疗,疲惫的身体已经不堪重负,然而强烈的事业心促使她一直坚守在岗位上。连续几天,曹燕左思右想,但一筹莫展。要举办一场高质量的演出,让工人们终生难忘,除非能请到他们心目中的偶像、明星。但是州文联经费短缺,请不起啊!她拿起笔,把明星、演出、慰问这几个词写在纸上,冥思苦想,寻找它们之间的内在联系。最后灵机一动,想到中国文联每年组织开展的"送欢乐下基层"慰问演出,今年正好可以借这个东风!

她赶忙把自己的想法与大家分享,同志们听了都认为可行,问题是:中国文联今年会组织到黔南州演出吗?能答应这个请求吗?曹燕虽无把握,但直觉让她坚信,组织文艺家深入基层服务人民,是中国文艺志愿者协会的宗旨,这样一场有意义的演出,中国文联一定会认真考虑的。她说,再难的事情只有勇于迈出第一步,才会有破解的可能。于是,曹燕向省文联打报告，说明争取中国文联"送欢乐下基层"演出走进"天眼"的想法。省文联领导表示很支持，并立马向中国文艺志愿者协会进行了汇报。

半个多月的漫长等待时间里，曹燕总是坐立不安，心情焦灼，时常梦见群星汇聚的演出画面和沉浸在"欢乐的海洋"里的"天眼"建设工地。曹燕的女儿看着心力交瘁的母亲，忍不住提醒："医生反复叮嘱，你的病情容易反复，最重要的就是休息，千万不能累着。前段时间好不容易看你气色有点好转，现在又要去揽那么重要的活动，真不让人省心，这样下去怎么吃得消。"曹燕心里很清楚，女儿说的句句在理，自己的身体已经不允许再"逞强"了，但还是理直气壮地回答道："人活着不就要干点自己想干的事吗？天天在家休息，跟走到生命的尽头又有什么区别呢！"

在强烈的盼望和遐想中，终于在一个寻常的午后，曹燕接到了中国文联文艺志愿服务中心邢雅萍处长打来的电话，说中国文联的领导对这场演出很重视，但同时也提出了几个问题：

第一，"天眼"是国家重点工程，涉及安全、保密、信号干扰等一系列科学技术方面的专业问题。演出活动是否和项目有关负责人进行过沟通，征得过他们的同意？

第二，场地的搭建和布置要由黔南方面负责，要在工地附近选择一块空旷的平地。

第三，一定要维持好现场，确保演出效果；参与过"中国天眼"建设的工人最好都能请来，还有移民搬迁的群众也能请来最好。

第四，因为要在"天眼"竣工之前演出，时间比较紧，所有的细节必须尽快敲定。

曹燕一边听，一边用笔一一记下来，还不忘笑着回答："确实确实，您考虑问题真细致，我们抓紧落实。"最后又补了一句："请相信我们黔南州文联，我们一定克服困难，坚决把事情办好！"

放下电话，曹燕出了一身虚汗。凶险的病魔已经啃噬了她多年，让她整个人极度消瘦。她轻轻掩上门，擦了满头满脸的汗水，斜倚在沙发上，想着下一步如何筹备演出的事情……

2

2016年3月25日上午，由黄光兴主席带队，黔南州戏剧曲艺家协会、黔南州音乐家协会、黔南州体育舞蹈运动协会的负责人和文艺骨干，以及平塘县文联的负责同志，来到大射电望远镜建设工地踩点。这是黔南艺术家第一次组织去拜访"中国天眼"——被当地老百姓称作"天锅"的地方。

在距离"天锅"附近1公里的地方，大家换乘工地的面包车继续前行。通往天眼的道路近几年持续在改善，主要是路面加宽、加固，但山道弯弯，仍是一路颠簸。因为现场不能拍照，所有人都按规定把手机上交了，使这次踩点更像是去执行一项特殊的任务。

"大射电望远镜最怕的就是电磁干扰。曾经有澳大利亚的科学家通过射电望远镜捕捉到了神秘脉冲信号，研究十几年才发现，它们来自天文台附近的一个微波炉。为避免来自外界的干扰，天眼附近几公里的核心区都进行了移民搬迁，建设工地更是不能随便靠近。"接待大家的是一位姓王的工程师，他身穿蓝色工装服，戴着红色安全帽，皮肤黑红而粗糙，大家都称呼他为"王工"。王工把大家领到了约有30个足球场大的"天眼"旁边，指着山头说，要站在山顶上才能看到"天眼"的全貌，以后会在那里建一个观景台，不过大家能像今天这样亲密接触也是很不错的经历了。随后，他给大家科普了关于"天眼"的一些基础知识，这个过程氛围很轻松，他还领着大家走上早已合龙的天眼钢梁上去感受了一下。

大家都小心翼翼地迈上去，领略这大国重器的雄伟气魄。这杰出的工程背后不知凝聚了多少人的心血。

起初，项目部对在"天眼"举办大规模演出是持否定态度的，毕竟这是国家重点科研项目，在这关键的时刻不能出半点纰漏。可是想想这些年在这里没日没夜操劳的建设者们，又何尝不想给大家一个放松欢聚的时刻，慰劳一下大家伙儿。自开工以来，工人们住在临时搭建的工棚里，夏天热、蚊虫多，冬天又冷，关键是很多人远离家乡和亲人，思乡之情和孤独感在所难免，可是为了"中国天眼"能早日竣工，每个人都清楚自己肩负的责任，也没有人抱怨过。

彼此的"明星"

听说要在这里举办一场慰问演出，所有人都很开心，像沉寂的湖面泛起一阵涟漪，炎热的夏季拂过一阵清凉的微风。

"北京的名家要来咱们这里演出，是专程为我们来的。"

"我女儿可以在电视上看到我啦，嘿嘿。"

"不知道有没有我最喜欢的歌手？"

为了满足工人们的愿望，让大家感受到党和政府的关怀，项目部决定克服困难，做好各方面的安全保障工作，在"天眼"举办一场特别的演出。

曹燕迫不及待地向邢雅萍处长汇报了初步方案：黔南州、平塘县领导都很支持，场地搭建和观众组织由中共平塘县委宣传部、县文联和项目部共同负责，州文联负责做好统筹协调工作……邢雅萍从曹燕略带颤

抖和笑意的语气中，深切地感受到了他们的诚意。她说："那太好了，领导今天还在问这事呢。等确定具体事项和演员后，我会尽快把方案发给您，有不妥的地方我们一起完善。"

邢雅萍是一位年轻漂亮的文艺理论家，热衷公益事业，长期奔赴全国各地开展文艺志愿服务活动。她把要到"中国天眼"开展慰问演出的消息迅速传递给中国文艺志愿者协会的艺术家们，传达了奋战在一线的广大科技工作者和工人们激动的心情。

情感的共鸣能拉近心与心的距离，听说是到"中国天眼"工地演出，艺术家们都踊跃报名。

"我要去，祖国的建设者是最可爱的人，我要为他们送去最诚挚的祝福。"

"我也去，'天眼'是中国的骄傲，去那里演出是我的骄傲！"

"当然要去，他们才是真正的明星。"

牛群、周澎、董建春、霍勇、黄华丽、莫华伦、刘和刚、么红、阿幼朵……众多艺术家都表示一定要把最好的节目送给"中国天眼"的建设者们。

北京传来的好消息让州文联办公室一片欢腾："太好了，这么多明星，都是经常在中央电视台看见的，曹主席真厉害！"曹燕谦虚地说："不是我的功劳，主要是'中国天眼'的魅力，'中国天眼'的科学家和工人们是值得所有人敬重的时代楷模，我们文艺界能为他们做点事是我们的荣幸。这次来的都是德艺双馨的艺术家,相信他们对此感受更深。"

演出的事情定下来了,曹燕每天又开始忙着联络和协调,不停地和北京、平塘相关部门以及新闻媒体沟通,确定演出流程、后勤接待和新闻报道等一应事项。

由于工地还未竣工,要在一片混乱且坑坑洼洼的场地上搭建舞台,就要处理好材料运输、土地平整、施工安全管理等问题,还要注意背景设计、观众区设置等细节。最大的困难是工地离平塘县城较远,哪怕协调一件小事,负责场地布置的平塘县文联副主席雷远方也要放下手上的工作赶往现场,这一路来回两三个小时,有时顶着暴雨,有时顾不上吃饭,有时被堵在陡峭的上山小路上,遇到不懂的问题还要请教各行业的专家……他总是提醒自己,面对任何困难都要坚持,竭尽全力为"天眼"呈现一台安全、节俭但喜庆、温馨的演出。

在大家的共同努力下,前期准备工作总算就绪。这段时间以来,总有一股精神力量支撑着曹燕,每次忙起来她都是热情洋溢,下班时又极度疲惫。虽然终于可以松口气了,身体却也跟着垮下来,像逆风而行的风筝突然失去了动力。州文联在四楼,很多时候,她一手挽着包,一手扶着楼梯扶手,缓慢地一步步爬楼,却一直喘个不停。大家劝她:"曹主席,你身体不好,不能那么操心,要注意休息。"她说:"我性格就这样,闲不惯,总觉得有事干才有目标,身体也不是越闲越好的,忙点也挺好,顺其自然吧。"

群星璀璨——中国天眼背后的人们

3

如果天气能表述一个地方的情感，贵州无疑是多愁善感的。这里的巍巍青山，常因浸润于雨水云雾之中而显得温润又缥缈。

2016年8月9日，黔南州建州60周年的第二天，中国文艺志愿者协会慰问演出服务团如期到达平塘。

在"中国天眼"建设工地上，巍峨的喀斯特大山环抱着巨型"天锅"，在薄雾中熠熠生辉。大国重器的辉煌令来自四面八方的艺术家们眼前一亮，赞叹不已。得知南仁东和他的团队用了十多年对1000多个洼地进行比选，最后综合地质地貌、"天坑"大小、搬迁成本等因素才选择了贵州平塘县克度镇的"大窝凼"作为天眼的落脚点，艺术家们对建设的

艰辛、对科学家和工人们的奉献精神深感敬佩,纷纷对他们竖起大拇指,与他们握手拥抱。

工人们更是因"明星"的到来欢欣鼓舞,争先恐后与他们合影。大家都没想到电视里每天看到的偶像原来那么亲切,就像身边的朋友一样,与他们随意交谈,还不停地关心、夸赞他们。

阿吉太组合演唱的《自然交响曲》拉开了演出的序幕,大山里的工地沸腾了!歌舞、魔术、相声、杂技等精彩节目陆续上演,观众席上响起一阵阵热烈的掌声和欢呼声。

艺术能把人带到另一个世界,工人们好长时间没有这么开心、放松了。当所有人跟着年轻歌手周澎的《美丽中国走起来》打着节拍时,忽然吹来一阵凉风,一片黑色的云层遮蔽了阳光,本是晴朗的天空瞬间降下大雨。

面对这突如其来的"变故",央视主持人康辉保持着镇定。他冒着大雨继续主持,声音更加洪亮。他深情地说:"今天特别荣幸能来到'中国天眼'的建设现场,特别感谢大家。都说贵州的雨是善解人意的,想必是被我们的歌声感动了,被大家的热情感动了,现在我们也算是共同经历风雨了。衷心祝愿亲爱的朋友们工作顺利、身体健康、生活美满。下面,有请阿幼朵为我们带来《苗岭飞歌》。"

演员和观众们保持了高度的默契,虽然全身湿透了,大家反而越来越投入。他们与观众在瓢泼大雨中热情互动,不断将气氛推向一个又一个高潮。

"我的老父亲,我最疼爱的人,生活的苦涩有三分,你却吃了十分……"在刘和刚与大家一起深情演唱《父亲》时,人群中一位中年男子却沉默不语,红润的眼眶里强忍着泪水。他是从天眼开工建设时就扎根平塘的技术工人,五年时间里,他亲眼见证了一个"世界之最"从无到有,经历了无数个攻克艰难险阻的难忘瞬间,他热爱这个光荣的集体和事业,但想想这些年对家人为数不多的陪伴和探望,他时常会觉得亏欠家人,也十分惦念他们。此刻,老父亲苍老慈祥的面庞浮现在他脑海里,泪水顺着雨水悄悄地流淌下来。

一段充满欢声笑语的相声表演结束后,大家熟悉的牛群突然向人群高喊:"工人老大哥,你们辛苦了,你们最了不起,你们才是新时代的明星!"

所有人起立鼓掌，内心的激动久久不能退却，直到演出结束还不愿离去。

曹燕和邢雅萍彼此看着对方，露出会心的笑容。

4

演出结束回来后不久，曹燕再次住进了医院，继续和病魔抗争。

不幸的是，此后她病情不断恶化，最终永远地离开了大家，离开了她钟爱的文联岗位和文艺事业……

大家在整理她的遗物时发现了她的工作日记，其中有对这场慰问演出的记录：

2016年8月9日，中国文艺志愿者协会到'天眼'慰问演出，虽然天降大雨，但是演出很成功，我的任务总算圆满完成了。在建设工地，我感受到科学家们勇于探索、建设工人们踏实苦干的精神，我相信，这场演出对于他们来说一定也是很特别的……

浩瀚宇宙总是让人感叹世间万物的渺小；灿烂的星河既闪耀着"南仁东星"，也闪耀着无数默默无闻地照亮我们前行的点点星光。曹燕主席走得让人猝不及防，让人心痛，但一个文艺工作者真诚服务大众的品格，将始终激励着大家奋勇向前！

"天眼""御用"摄影师

孟学祥

因太熟悉的缘故，和代传富坐在一起，我不知道怎么问，他也不知道怎么说。那就看照片吧，要问的话和他要说的话，都体现在他所拍摄的那些照片上。代传富首先给我展示的，是他拍摄的记录类组照《500米单口径球面射电天文望远镜》，这是入选第26届全国摄影艺术展览及获得贵州省第七届文艺奖摄影一等奖的作品。"中

国天眼",从 1994 年开始预研究,在贵州省平塘县开启选址工作,最终台址选定平塘县克度镇"大窝凼",2008 年奠基,2011 年开工建设,2016 年 7 月 3 号主体工程正式完工。这样一个漫长的选址、建设过程,代传富既是见证者,也是亲历者。他用相机镜头记录下了这个大国工程从选址、开工、建设到完工的点滴变化和珍贵瞬间,让大家此刻得以随着他镜头所记录的这些照片,领略大射电在平塘崛起的每一时段的风采。除了《500 米单口径球面射电天文望远镜》,代传富还向我展示了许多他拍摄的和大射电天文望远镜有关的其他组照和单片、大景、特写等。无论是《世界大射电望远镜》《天文体验馆》等单片,还是《中国天眼》《天文小夜曲》等组照,都让我在感受到不同视觉冲击的同时,仿佛也跟着他一道,深入拍摄的场景,体验构图的魅力,亲历大射电这个国之重器的从无到有和与之带来的周边环境的巨大变化。

在代传富看来,为"天眼"拍摄照片,到后来被人戏称为"'天眼'御用摄影师",这些与"缘分"二字是分不开的。"缘分"真的是挺奇妙的,就拿我和代传富来说,我们之间也是有缘分的。三十多年前,我们两人同在一个边远

的乡镇教书，虽不在一个学校，不是天天见面，但隔几天总得见上一面。后来我被调出那个乡镇，进入县城的一所中学，距离远了，见面机会少了，联系也就少了。再后来，他被调入中共平塘县委宣传部工作，不久，我也因工作需要调入县委宣传部，我们又成了同事。几年之后，他从宣传部调出，我也从宣传部调出，各自被调入新的工作岗位。这次因写他而采访他，感觉又是一次缘分的重聚。

二

1995年9月，因工作需要，代传富从一所边远的乡村小学调入中共平塘县委宣传部工作。踏入宣传部的第一天，他就看到同事们在长长的走廊上铺开一条红幅，一个字一个字地往红幅上粘贴写好的大字标语，做好迎接十国专家赴平塘考察大射电选址的前期准备工作，放下行囊的代传富立刻与大家一道投入紧张忙碌的准备工作中。这段往事让代传富记忆犹新。十国专家赴平塘进行大射电落地选址考察工作，中共平塘县委宣传部负责资料搜集和宣传报道，代传富参与其中。专家们来了，他又被部领导安排为专家们服务兼跟踪拍摄选址考察照片，同时为考察工作收集储备资料。从那时起，他就和摄影结下了不解的缘分，也和大射电结下了不解的缘分。

天坑是喀斯特地貌天然形成的凹地。在平塘这样一个典型的喀斯特山区，天坑、天生桥、坡立谷、峰林等深藏在一望无际的崇山峻岭中，不光造型奇特，令人惊叹，还充满着很多不确定因素，既神秘险峻，又让人惊奇向往。在这些天然的天坑被从大山中筛选出来、一个个被纳入选址考察专家们的候选台址之前，就连当地人都很少去到这些天坑，特别是那些隐藏在深山中的天坑，相当一部分是从来没有路通过去的。为了迎接专家们的考察，很多通往天坑的路被临时开辟出来。记得专家们首次来到平塘的第二天，要到一个叫"六硐"的地方去考察名为"熊桥"的天坑，从公路边停车的地方到熊桥还要走近十公里的小路。通向熊桥的那条小路，弯弯曲曲地从山脚往山上延伸，陡峭、狭窄，很长一段犹如天梯，需手脚并用才能攀爬得上去。路还不是真正的路，是当地群众上山打柴割草和放牛踩出的小道。尽管来之前当地群众已经对道路进行了整修，但也仅限于割掉路旁的杂草和在陡峭的地方挖出供人落脚的脚窝坑而已。

　　那一次的行路之艰难，不论考察的专家，还是提供服务的当地干部和群众，都印象深刻。为了让专家们到达熊桥考察，当地群众中的一些年轻力壮者自发组织起来，用椅子绑成轿子，把那些上了年纪的行动不便的专家一个一个抬到山上，抬进熊桥。那天，代传富走在专家们前面，一边走，一边还要拍摄专家们考察的过程，还没有走到熊桥就已经累得几乎喘不过气来。到了目的地，代传富更是没能停下来休息，跑前跑后，在专家们的指导下把他们需要的图片资料拍摄下来……那天考察工作结束后，大家都往回走了，代传富还瘫坐在地上，待体力稍恢复后，才能起身去追赶下山离开的考察队伍。

跟踪拍摄大射电选址考察工作，最开始的时候，代传富以为无非是跟着专家们考察的步伐，实地察看地形样貌，拍摄他们考察的过程，为选址考察工作留下珍贵的图片资料。然而，工作深入进去了，他才发现并不是跟拍那么简单，有些工作，拍摄者不光是参与者，还得走在最前面才行。记得有一次，专家们在一个叫"冗薅"的天坑考察，天坑很深，四周都是陡峭的悬崖，站在山顶虽然能够一目了然地看到天坑底部，但想要下到底部去却相当困难。整个天坑，只有北面的悬崖上有一条小路可通往底部。小路镶嵌在悬崖上，陡峭、狭窄，有的地方勉强只能放下

一只脚,下去和上来都必须借助路旁的茅草、小树,还要用手攀着崖壁爬行通过。整个过程必须小心翼翼,稍不注意,危险随时可能发生。为了让考察的专家们了解冗薅天坑底部的结构形状,又担心他们出事,代传富主动请缨,背着相机,在向导的陪伴下,下到冗薅底部拍摄了大量的图片,为专家们考察冗薅提供了大量的佐证资料。

三

傲视苍穹,雄伟辽阔的"天锅"圈梁在晨雾中无限延展。2015年秋天的一个早晨,在徐徐的晨风中,代传富背着相机,攀上91米高的高塔,拍摄大射电建设工地的日出。此时,大射电的圈梁刚刚安装好,中间的反射面板还未装上。代传富攀到圈梁上,雾一点一点地从脚下升起,笼罩着四周的山峰,笼罩着脚下的"大窝凼",将整个大射电刚建好的圈梁、钢架、四周的高塔以及代传富瘦小的身影,一同包裹进朦胧的世界中。代传富攀到高高的铁塔顶端,大雾也在缓慢地飘散,脚下的那个大黑洞像一个无底深渊,让他不敢直视。

铁塔太高了,从未经过攀高训练的代传富第一次站到这么高的铁塔上拍摄,兴奋和害怕让他的心跳骤然加快。代传富在高高的塔顶上一点一点地挪动脚步,小心翼翼地寻找拍摄的最佳位置。狂烈的风从他耳边"呼呼"刮过,抓住钢条的手早已浸满汗珠,他想努力让自己心无旁骛,

但又无法做到。在一种无法言说的恐惧中,代传富一边克服心理障碍,一边坚持有条不紊地做着拍摄的准备工作。找好了拍摄点,代传富先用安全绳固定好自己,然后取下相机,用镜头对着苍茫的群山,捕捉从云层中一点一点展露笑脸的朝阳。之后随着太阳的升高,他移动镜头,捕捉朝阳闲庭信步般光临大射电建设工地的精彩瞬间。忘我的工作,加上出现在相机镜头里难以言说的震撼影像,让他暂时忘却了身处高处的害怕。对焦,构图,按下快门,对他来说,就是要用相机把阳光下迤逦的大射电建设工地最美的一面记录下来。那天拍摄到的精彩图片,不光作为大射电建设的资料得到了很好的保存和利用,还被广为传播,为弘扬

"天眼""御用"摄影师

"登高望远,精益求精,勇于争先"的大射电精神,展现大射电魅力,起到了很好的宣传作用。然而,当他多角度地完成了拍摄任务,太阳升起、晨雾散尽后,代传富从全身心投入的工作中静下来,那种恐惧和不安又从心底冒了出来。刚才因为忙于对焦、取景、拍摄,没机会往脚下看,也没机会去顾虑其他的事情。工作一结束,身心一放松,时间仿佛凝固了,身体就被笼罩在前所未有的恐惧中。收拾工具往下走时,代传富的双脚不停地打颤,每移动一步,心就像要蹦出胸腔一样。这种紧张的感觉,直到今天他都还记得。

代传富为大射电拍摄的照片，很多是被用于资料保存、用于展览宣传，也有部分被登载于报刊。每次只要与这些照片"不期而遇"，代传富都像遇见自己的孩子，沉浸在这个孩子初生时的那种惊喜中。

摄影家的工作不总是像外行人想的那样，是一路掌声和荣耀的。真正的摄影家通过镜头捕捉到的那一张张美图的成形之路，都充满着艰辛、神秘。

2014年5月，代传富和平塘的几个摄影家应平塘县相关单位的要求，赶去"大窝凼"旁边一个叫光明顶的大山上拍摄图片。

代传富一行兴奋地行走在通往光明顶的小路上。从山脚攀上光明顶的路还在修建中，要上去就只能钻荆棘、攀岩石。一切照旧，代传富一行整理好行装，开始往光明顶上攀登。

他们在登山过程中没有察觉到任何异常。

光明顶大山上有许多风化松动的碎石，受到风吹或野兽踩踏，时不时就会从山坡上落下，给上山的人带来危险。那天，代传富一行快要上到半山腰时，之前施工的光明顶观光路工地上方突然滚下一颗大石头，"轰隆隆"地从代传富身边擦过，要不是他闪避得快，石头就砸到他身上了，在场的所有人都惊出了一身冷汗……而让人惊出一身冷汗的遭遇并不仅此一次。为了配合专家们在平塘县克度镇绿水村"大窝凼"组开展大射电落户选址工作，代传富和中共平塘县委宣传部的同事们要经常深入"大窝凼"进行图片资料的采集。2000年以前，从"大窝凼"通往山

"天眼""御用"摄影师

外的路是一条荆棘小路，上坡下坎自不用说，很长一段还需要从高高的悬崖上通过。为配合大射电选址工作，当地政府组织村民投工投劳，把原来的小路拓宽，修出一条简易公路，方便专家们乘车往来"大窝凼"进行考察和资料搜集。路刚修通不久，代传富和同事们奉命到"大窝凼"去拍摄图片，那是他们第一次乘车去"大窝凼"。车子从312省道岔往"大窝凼"后，一路上就惊险不断。特别是临近"大窝凼"的几公里路，路基刚刚开挖出来，路面刚刚成形，很多地方还没有加固，松软的路基被车碾压后，石块、泥土纷纷掉下悬崖，甚至个别地方出现坍塌现象。当地政府虽然给他们安排了一个熟悉这条路况的当地驾驶员，但在这样的路上行走，驾驶员也时不时地把车停下来，徒步检测路况后，才敢小心翼翼地开过去。通过有些路段时，驾驶员会叫大家先下车，他把车小心翼翼地挪过去后，才把大家招呼上车继续赶路。车子行驶到"大窝凼"坡顶的垭口上，路也断头了。走下车大家才发现，他们停车的地方是一片怪石嶙峋的山地，除了刚刚开挖出来的路面，这里连一个车辆掉头的地方都没有。那天在"大窝凼"完成工作回来，他们边观察边抬石头垫实路基，花了将近一个小时，才慢慢将车辆倒回两公里多远的一个弯道掉头。代传富说，大射电选址还未最终确定的那些年，为了搜集资料，他和同事们往返"大窝凼"的次数最多，几乎一年一次，有些年甚至两到三次。那时车子虽然可以开到"大窝凼"垭口上，但路很狭窄，很多路段还在悬崖上，勉强只能通过一辆小车。而新修的路基也容易损坏,特别是下雨天,危险随时都会发生。那些年,每一次往返"大窝凼"几乎都是在经历一次危险的旅行,不光自己提心吊胆,家人也特别担心。

四

有人说:"平塘的'镜界'就是地球的'眼界'。"在平塘,"镜"就是500米口径球面射电望远镜,它矗立于平塘土地上,傲视苍穹的魅力是独一无二的;"眼"就是开阔的眼界,"登高望远,精益求精,勇于争先"的大射电精神就是最高的眼界。摄影不光是对"真"的发现,也是赞颂"美"的艺术。摄影家通过相机镜头记录画面,不但能定格瞬间并使瞬间成为永恒,还可以雕刻时光,让记忆广为流传。弘扬大射电精神,展现大射电魅力,每个人的贡献都是不尽相同的。科学家通过大射电对视星河、探寻遥远神秘的浩瀚苍穹,把获得的天文成果与世界分享;摄影家用脚步去丈量、用镜头去记录大射电,也为记录科学家与天河对视并探秘浩瀚苍穹的全过程做出了贡献。

一群人,一个梦,一辈子。作为平塘县摄影家协会主席,代传富不光自己拍摄大射电,还积极组织引导平塘县更多的摄影家一起去为大射电拍照,留存可贵资料。这些摄影家们常常利用工作之余起早贪黑、爬山越岭、追光逐影,拍摄记录了大量具有历史文献价值的大射电照片。岑龙武的《三天广场》《天眼傲苍穹》《平塘天文体验馆》、李瑞龙的《天眼》、杨清亮的《观天巨眼》等图片，都作为资料得到了很好的利用；以这些图片为素材拍摄的艺术片，对大射电知识及平塘的旅游起到了较好的宣传推广作用。但谁又能想到，为拍好这些照片，代传富和他的摄影团队来回奔波登高爬低，有过深夜还在崎岖的山道上行进甚至夜宿深山等经历。

2013年夏天，代传富和摄影家艾礼等驱车赶去"大窝凼"拍摄日全食，原计划是当天去当天回，哪知走到一处名叫羊场坡的地方，交通部门正在修路，道路封闭，无法通行。通过交流沟通，他们的车辆虽然得以放行，但挖得乱七八糟的公路上不是深坑就是乱石，磕磕碰碰花了一个多小时，他们才通过近十公里长的修路区。赶到"大窝凼"建设工地，停好车子，他们来不及喘一口气，又马不停蹄地赶往拍摄地点。架好机子，把整个日全食过程拍摄下来后，他们整个团队都彻底累虚脱了，一点儿都不想再动。那一夜，他们就滞留在"大窝凼"，滞留在拍摄地的山地平台上。在满天星斗的陪伴下，他们席地而睡，一个个都睡得很沉。直到第二天他们才发现，车子的底盘在那段颠簸的修路区被不平的乱石撞凹了好几处。

从首次为中国天眼选址拍摄图片资料，到后面为天眼拍摄"艺术照"，20多年来，代传富坚持不懈地拍摄记录下"中国天眼"的每一个变化。这种固定的追踪拍摄，直到大射电建成投入使用，设立核心区，图片资料搜集工作逐步科学化，才告一段落。代传富一直坚持用照片记

群星璀璨——中国天眼背后的人们

"天眼""御用"摄影师

录大射电望远镜，记录围绕大射电望远镜所开展的科技展览和科技研讨活动，以及当地群众为这个大国重器服务所做出的贡献，等等。用他的话说，照片是资料的留存，也是记忆的留存。他一路拍摄的动人瞬间，与大射电相伴的情景、心境，是用图片描绘时代发展变化的美的延伸，是中华民族为早日实现强国梦努力奋斗的记录。

虽然被人称为"'天眼'御用摄影师"，但代传富自己认为，他所拍摄的中国天眼系列照片多为记录，这些作品跟摄影大家的作品相比，还谈不上"档次"。他自己组织平塘摄影家给大射电拍照，就是想通过个人爱好，用摄影这种语言来表达对大射电这个国之重器落户平塘的关注，抒发对中国天眼的热爱、对大射电精神的颂扬。

踏过人生的平庸

徐必常　扶曼　田建超

杨清亮做梦也没有想到，幸运之神的关爱会降临在自己身上。

杨清亮是一名90后，2013年从黔南民族师范学院信息与计算机科学专业毕业。那时的杨清亮初生牛犊，壮着胆子去闯上海，想在上海闯出一番天地。上海就像海洋，海纳百川，有足够的天地和胸怀容纳芸芸众生的抱负，不仅能包容世

界上顶尖的智慧、技术、才华，也能容纳下平凡众生的勤劳和汗水。杨清亮在上海一直从事计算机科学专业相关工作，这个工作对应的职业有一个非常简洁的名字——码农，业内人士常以这个简洁的名字自嘲。"码农"这行非常辛苦，上厕所都得小跑。不过苦中有乐，当新的程序和算法在"码农"们的努力下横空出世时，所有经历的苦立马就变成了成功的喜悦。

一眨眼就在上海工作了一年多，在这一年多的时间里，杨清亮对上海从不熟悉到有点熟悉。如果不是他无意间在网上看到FAST项目的招聘启事，也许现在他已经在上海扎下了根。

杨清亮对FAST项目有着很深的情结。在小学的自然课里，他对天文学产生了浓厚的兴趣。高考那会儿，杨清亮想去摸这"天花板"，但够不着啊，于是退而求其次，上了黔南民族师范学院信息与计算机科学专业。

工作之余大家在一起聊天时杨清亮爱挑最有分量的话来说。当时贵州最有分量的话题是"四个一"：一首歌（侗族大歌），一匹布（黄果树瀑布），一瓶酒（茅台酒），一场会（遵义会议）。杨清亮在和同事们说起贵州时，把"四个一"说成了"五个一"，他加了"一只眼"——"天眼"（FAST项目）。听的人没有谁敢反驳，还向他打听天眼的情况。杨清亮其实也并不清楚具体情况，但他会充满自豪地对他们说，我就要去那里应聘了，天眼的详情，今后再告诉你们吧。

杨清亮虽然这样说了，但对于 FAST 项目招聘启事，杨清亮想看不又不敢看，不敢看却又想看：不敢看是怕够不着；想看是想试试，给自己一个机会。他就在这想看与不敢看之间磨了很久，期间他想了很多，甚至想到了古战场上有运筹帷幄的将军，有驰骋疆场的战马，也有走在马前的卒子。他想，如果应聘上了，他就去做个 FAST 项目"马前卒"。

于是杨清亮毅然辞去了"码农"的工作，马不停蹄地往家赶，时间是 2014 年 10 月。

二

如愿以偿，杨清亮顺利进入到面试环节。

在他心里，天文学家南仁东一直占据着很重要的位置。在面试现场，他见到了心目中久仰的"明星"——南仁东先生。这位大天文学家，杨清亮之前在电视和报纸上见过无数次。他曾从网络上下载过南仁东先生的照片存在手机里，最初想作为手机壁纸，但终因各种顾虑没有这样做。杨清亮进入面试环节后就想，不管结果如何，如果能在 FAST 项目工地现场见到南仁东先生，一定要凑上前去多看几眼，要是能挨着他照张相，那就再幸运不过了。

面试那天，虽然他去的不是 FAST 项目工地现场，却真真切切地见到了南仁东先生。

当天面试他的是一个背影有点驼、衣着也不考究的大爷。他心想这个面试也太随便了，一个像街坊二大爷似的老头都能到面试现场来走走窜窜。当他看到这老头转身的面容后，就恨不得抽自己几嘴巴，这哪是一般的街坊大爷啊，这是他心中多年来的"星辰"。杨清亮顿时愣在了那里。但光愣着也不是回事儿，他想上前去跟南仁东先生打招呼，脚却像被定住了，迈不动。他努力再三，还是迈不动。

杨清亮干脆就这么站在离南仁东先生不远的地方注视着：衣着是老旧的，就一件皮大衣，旧的程度属于街坊的，八字胡也是属于街坊的，那一张饱经沧桑

踏过人生的平庸

而又朴实的脸，还是属于街坊的，就连他和在场人的寒暄，都是属于街坊的。

杨清亮心想，这么伟大的科学家，怎么会看上去如此普通，朴实得就如他老家街上住着的二大爷。

杨清亮在面试场上具体说了些什么，他都忘了，他只记得，当时心里怀揣着对大天文学家南仁东先生的敬仰，怀揣着对 FAST 项目的敬畏与热爱，如竹筒倒豆子一般，一股脑儿地说了一大通，说得自己也着实畅快——他就这样完成了整个面试环节。

结果是，他被录用了。

三

刚进入 FAST 项目，杨清亮被安排在指挥部办公室，负责网络畅通保障、对外接待和 FAST 项目建设过程的影像记录。

这三样工作对杨清亮来说，第一样他最熟悉，算得上是专业对口，再加上在上海做过一年多的"码农"，上手就很快；其余的两项工作却完全陌生，得从头学起。

就说第二样对外接待工作吧，要向接待对象展现的是接待方的形象。接待时，如何给客人看座上茶；自己的仪表如何才算得体；哪句话在什么场合该说，哪句话在什么场合又不该说……要注意的事不是一点半点。

而杨清亮哪有这方面的知识储备和工作经验。最初,杨清亮心里先是打了一下退堂鼓,但他又想,等他有了这方面的知识和经验再来,工作岗位早就占着人了。

带他的老同志说,接待也不是什么大不了的事情,就是让自己时时、事事、处处从大处着想,放低自己的身段。杨清亮听到"身段"二字时,突然茅塞顿开。他想,自己哪有什么身段,就算是有再大身段的人,也无法与这世界超级天文学项目相提并论。

有了对这事的新认识,杨清亮决定"岗位练兵"。他从擦桌子、摆凳子、放杯子入手,一样一样地练。为了练习得体的微笑,他还跑去山上练习咬筷子。不过咬筷子这事最终半途而废——工作时没有那么多闲余的时间。当然这事也没有难倒他,他发现,只要心里挂念着这事,笑容自然就会跑到脸上来。

影像记录这活儿,上手的时间要慢些、长些。这照相摄影虽然已经算是全民艺术了,但要真正把这事做出水平来,还是相当不容易的。杨清亮深深记得,当他第一次从办公室主任手中接过相机时,手可抖了,差点儿就没有接住。

四

杨清亮到 FAST 项目部工作不到一个月,就在工地上遇上了南仁东先生。当时杨清亮背着双肩包，正埋着头往"光明顶"走去。

光明顶是FAST工地东面的一座山，山很高。因为工程建设需要，高山被"削"去了顶，活像一个秃了顶的老人。阳光照到山顶时，山顶亮晃晃的，于是建设者们就把这山顶称为"光明顶"。

通往光明顶的路，不但崎岖，多数地方还很陡，最陡的地方是需要手脚并用才能过得去的。就是这样一个早晨，在那段需要手脚并用的路段，他遇到了南仁东先生。

"莫道君行早，更有早行人。"杨清亮自以为那天自己是最早走上光明顶的人，谁知FAST工程的主心骨南仁东先生早在上面了。那一刻，杨清亮涌出一阵莫名的情绪，视线突然就被泪水模糊了。那天早上他出门之前，其实心里是带有那么一点儿不情愿的，因为他并没有把相机的摄影功能摸透，就被安排去光明顶上搞拍摄。

过了这段路，他停了下来。因为南仁东先生正站在前面的路边上，一只手叉着腰，另一只手和他打招呼。先是示意他慢着点，再是示意他过来休息一会儿。

杨清亮正准备恭恭敬敬叫上一声"南老师"时，南仁东先生却先开了口。

南仁东先生说："小伙子，本地人哈。"

杨清亮回答："嗯。"

南仁东先生说："小伙子，你姓杨哈。"

踏过人生的平庸

杨清亮回答:"嗯。"

南仁东先生说:"姓杨的世世代代出忠臣。"

这下,杨清亮不知道怎么回答了,"嗯"也不是,不"嗯"也不是。

南仁东先生又问:"工作都熟悉了吗?"

杨清亮老老实实地回答:"不熟。"

接下来,南仁东先生还问了杨清亮一些家长里短,以及生活和工作上困难与困惑的事。杨清亮做梦也没有想到,一位大科学家会关心一个普通青年员工那么多细节。杨清亮永远记得,南仁东先生除了问问题,更多的是在激励和勉励他。

南仁东先生说:"小伙子,这里的工作是有些累和枯燥的,但却很有意义。"

杨清亮使劲点头。

南仁东先生说:"小伙子,做工作靠的是兴趣。"

杨清亮又使劲点点头。

南仁东先生最后勉励杨清亮:"你放心,如果有兴趣,这里会有大量工作给你做,有你用武之地。"

杨清亮更使劲点点头。

五

"往高处说，是网络工程师，往低处说，我就是网管；往高处说，我是一个摄影师，为这个"望远镜"拍摄照片、视频存档，往低处说，我就是个照相的。"

谈到自己的工作时，杨清亮轻描淡写地说道，但这明显是"有底气"的轻描淡写。因为经过在 FAST 工程项目中多年的成长，他已经从一名青年学子成长为网络工程师了。

杨清亮的成长，是靠走山路走出来的。

FAST 工程项目指挥部在"大窝凼"四周山上的制高点都设有拍摄点，杨清亮每天的大部分工作就是到各个点拍摄 FAST 建设的视频和照片。

2014 年 10 月至 2015 年 11 月，杨清亮他们脚下走的路都是崎岖的山道，说是"险象环生"一点不为过，有的地方石头是松的，要是手抓不牢或脚下一个不慎，就会从山上摔下去。

工作不是走马观花，也不会一劳永逸，活儿天天有，有时一天要上山三四次。春夏秋冬，严寒酷暑，刮风下雨，不分时节，需要时就得上。特别是在夏天，上山一趟，全身都会被汗水打湿，下来的时候，汗水早已被风吹干了，很是折磨人。

到了 2015 年 11 月,山脚到山顶的栈道终于修建好了,行走起来方便多了。

即便方便多了,杨清亮从指挥部去"光明顶"拍摄,每次还是要走上两个多小时。不敢马虎,是杨清亮对工作的基本要求,而不能马虎,则是工作对他的要求。为了达到这两个要求,杨清亮从相机原理到拍摄构图,再到光线运用和无人机操作,每一个环节都认真学习,虚心向老师求教,在实践中尽力摸索。时间不等人,他得尽快掌握拍摄技术,他在拍摄技术上的成长得赶上工程的进度。由于心有定力,实践又检验着他,继而成就了他,他在摄影、摄像技术这方面,从一名门外汉迅速成长为行家里手。

杨清亮平时话不多,可一谈及 FAST 项目便是口若悬河,如数家珍。通过镜头,他对 FAST 项目有了更深一层的了解。如果你愿意听,他能从馈源支撑塔到圈梁、从索网到馈源舱、从反射板的功能到作用……向你一一道来。比如说FAST项目，这么一个有着30个足球场大小的500米口径球面射电望远镜，实际上只是项目的一个面。除了面上的，还有点上的和立体的。不管是面上的、点上的还是立体的，杨清亮都走过无数次，拍摄过无数次，可以说，只要有人工打磨痕迹的地方，他都去拍摄过。

为了拍摄好FAST项目，杨清亮在"大窝凼"周围坡顶、山崖和周边森林里摸爬滚打。森林里人迹罕至，多半都没有路，很多时候，他好不容易从密布灌木、荆棘的丛林中摸出一条路来，去到山顶，回时路就被身后的杂草和灌木给封了，不知道怎么下来，只能靠着记忆一步步摸回来。

这样的工作，杨清亮一干就是两年多。从大射电望远镜底部到伫立在山崖上的馈源支撑塔，从铁塔到圈梁，从索网到馈源舱，每一个节点

靠近、拍摄、离开、再靠近、再拍摄、再离开。靠近时他小心翼翼，拍摄时他一门心思，离开时他依依不舍。

日复一日，杨清亮用双脚一步一个脚印地丈量 FAST 项目的成长里程，双手一次次按下快门，庄重地记录下大国重器诞生的全过程。

六

杨清亮算了一笔账，仅"光明顶"拍摄点，他最少拍了不下 30 万张照片，还录制了非常多的视频。这些数字的背后，是杨清亮两年来攀爬跋涉的成果。

本文作者之一，时任平塘电视台记者的扶曼，2016 年 6 月 28 日与同事们跟拍了杨清亮一天的工作。跟拍杨清亮的那一天，是她作为记者最累的一天。而这劳累、忙碌的一天，只不过是杨清亮在 FAST 工程项目中工作量极为正常的一天。

扶曼和同事们在拍摄杨清亮时，他还得一如既往地拍摄好 FAST 项目进展。扶曼和同事们收了机器，回到 FAST 项目指挥部办公室时已是夜幕降临。杨清亮却顾不上下班，他得立马整理完当天拍摄的素材，这一天的工作才算画上句号。

扶曼对杨清亮说："今天实在是让您忙了。"

杨清亮回答说："今天还不算忙，忙的时候连饭都顾不上吃。"

"还有顾不上吃饭的忙啊。"扶曼自言自语地说。

杨清亮没有把话头接过去。

经扶曼回忆,那天杨清亮接了不下30个电话,全是为同事和来访者解答各种问题的。

功夫不负有心人,更不负默默钻研和付出的人。杨清亮拍摄的作品获得了中国科学院"报党恩、科学情、创新美"大型书画、摄影、微电影大赛一等奖、二等奖。

最让杨清亮欣喜的是,2016年9月为了调试望远镜,FAST项目成立了调试组。为了解决当时控制方面存在的一个难题,南仁东先生的爱徒、青年科学家姜鹏先生竟然让杨清亮参与写代码、测试代码的工作。那一刻,杨清亮欣喜若狂,他知道,这预示着他人生新的开端。

"感官安宁,万籁无声。

美丽的宇宙太空

以它的神秘和绚丽,

召唤我们踏过平庸,

进入它无垠的广袤。"

对于南仁东先生所作的这首诗,杨清亮和他的同事们早已烂熟于心。每当杨清亮默念这首诗时,自己似乎也进入了广袤无垠的宇宙。杨清亮想,感谢 FAST 项目,因为它,让自己踏过了人生的平庸。他还想,手上的工作是有些累,但累得千值万值,就凭这千值万值,他有信心,也有能力,把手上的工作干好。

"越干越好,越来越好。"他在心里下着决心。

李孟良的 FAST 情缘

狼 歌

500米口径球面射电望远镜（以下简称"FAST"）是目前世界上最大的单口径球面射电望远镜，台址在贵州省平塘县克度镇一个叫"大窝凼"的地方，这也是平塘人的骄傲。

FAST的建设过程是曲折的，不知凝聚了多少人的心血和汗水。他们中有呕心沥血的各级领导、学术泰斗、技术专家，也有无数舍小家顾大家、倾力支持项目建设的淳朴村民，更有挥汗如雨、默默耕耘的后勤服务人员、农民工兄弟……"小李子"就是其中的一名后勤服务人员。

"小李子"叫李孟良，是在中共平塘县编委办工作的年轻人。2008年初，中共平塘县委决定组建推动全县重大项目建设的"五大办公室"，即工业园区办公室、龙头企业办公室、国际大射电项目建设协调办公室（下文简称"射电办"）、水电开发办公室、煤炭开发办公室。其中，射电办作为FAST项目在平塘建设的综合协调机构，主要负责与中国科学院国家天文台、贵州省、黔南州的对接联络，负责FAST项目在平塘建设有关征地拆迁协调、横向联系平塘县有关部门、后勤保障等相关工作。2008年1月8日，中共平塘县委发文成立射电办，从各部门抽调人员，人员抽调期间工作与原单位脱钩。李孟良就是被抽调的人之一。当时，射电办由时任平塘县科技局局长的张林任办公室主任，被抽调的人员还有来自不同单位的杨昌俊、简定昌、潘小匀和驾驶员罗汝军。由于李孟良年纪最小，被大家亲切地唤作"小李子"。

"小李子"第一次到"大窝凼"，是2008年3月4日。春寒料峭，张林领着射电办全体人员，从县城驱车赶往"大窝凼"熟悉环境。

汽车呼啸着，从水泥路到柏油路再到泥水路……然后从克度镇一个叫牛角的小村庄岔路进去。这是一条勉强能通行汽车的简易公路，张林说这条路是2004年镇里组织群众投工投劳、开山劈石才修通的，当时的艰辛只有亲历者才能知道。一路不是碎石杂陈就是泥水坑洼，由于视线原因，一个个急弯坡道让人感觉前面仿佛就是路的尽头。有的路段修在悬崖半腰中，凭窗望去，有一侧就是万丈深渊，吓得办公室唯一的女生潘小匀都不敢看车窗外了。用张林的话说，坐车走在这种路上，后脚跟都是紧的……

路况不好，但沿途风景却是美不胜收：峰峦叠嶂、云飞崖穴、松柏苍劲……一行人在车上一边颠簸着，一边欣赏风景。

峰回路转，一所别致的小平房呈现在眼前，终于到了FAST工程科学考察临时办公房，这是他们今天的落脚点，也将是今后的"前沿阵地"。一下车，大家直奔办公房，值守办公房的当地人老杨（杨朝民）笑眯眯地迎上来同大家握手，随后沏上热乎乎的苦丁茶。茶的味道很好，是老杨在山里采的野生茶。

办公房旁的垭口上长着几棵古柏，翁翁郁郁的，树下有村民常年歇脚的石头，被磨得光滑锃亮，还有庇佑村民平安的小小的土地庙。古柏的另一边，就可以俯瞰FAST台址——"大窝凼"了。

站在一颗大石头上，顺着张林手指的方向望去，"大窝凼"尽收眼底。

好一个"大窝凼"！青山环抱，形成宛若一口大锅的凹地，边缘圆得出奇，简直让人难以置信，难怪FAST台址会选择建在这里。这个凹地用来安放FAST最合适不过了！张林说，FAST对凹地建在高程、形状、峰距、电波环境等的要求甚为苛刻，中国科学院国家天文台在全国考察了几百个天坑、凹地，才最终确定"大窝凼"为最佳选址。

在凹地底部，十几户民居静静地散落于绿树林间，袅袅炊烟升起，偶闻鸡鸣犬吠，其间良田美池桑竹，恍若世外桃源！

他们一行人不禁冲动起来，想要下去体验一番田园生活。张林说，今天的任务暂时不包含下到"大窝凼"底部，得先围着"大窝凼"外围转一圈，熟悉道路及村民情况等。当天，张林领着大家按计划转完了"大窝凼"外围村寨，傍晚驱车赶回了县城。

二

2008年3月11日,中国科学院国家天文台派郭永卫博士和高龙工程师到平塘,在"大窝凼"安装自动气象观测站。早上两位专家来到平塘,先是到射电办考察办公条件。带着高度近视眼镜的郭博士到了办公室,东看看西看看,说了些"辛苦了"之类的勉励话,然后就出发前往"大窝凼"。郭博士是搞科研的,不善言辞,书生气很浓,言行中还有着半大小子的羞涩。让"小李子"印象最深的是郭博士,他穿着简朴,身上的衣服都穿旧了,衣角还绽了线,却洗得很干净,从着装上看,谁也不知道这是一名国宝级的专家。

那天的顺带任务是安装小型遥感气象站。在"大窝凼"临时办公室旁边的小山坡安装气象仪器的时候,为了架设自动气象站的数据传输线,身轻如燕的"小李子"冲锋在前,纵身爬上了一棵马尾松去架设线路,调皮的潘小匀给他照了张相。潘小匀把这张照片传到QQ群里"展览"后,"小李子"抱着马尾松的"光辉形象"被配上了台词——"好大一棵丛毛树"(平塘人管马尾松叫"丛毛")。后来,"小李子"又多了一个外号——"丛毛"。

吃晚饭时,本来射电办的同志们还有点紧张,毕竟大家很少有机会和博士级别的人吃饭。谁曾想,在频频敬酒之后,有点"木讷"的郭博士说了一句话："我不太擅长饭局应酬，一看见领导敬酒我就发怵……"把大家都逗乐了。

受中国科学院国家天文台委托，射电办需要收集"大窝凼"旁边一个叫作高务凹地的天坑和绿水村水塘的高程数据。

第二天，射电办一行人便来到绿水村。他们先是去村子里老支书宋运志家了解近几年高务凹地的降水量和凹地底部积水、消水的情况。老支书家住在高务凹地旁边，小村子坎下就是深深的凹地，让人很惊诧他们的祖先怎么会选择在这个地方安家。了解完情况后已是中午，喝了热情的老支书一家自酿的香醇米酒，大家都有点微醺。张林和老支书相谈甚欢，转头吩咐道："小李子气火好，腿脚快，就一个人下高务凹地底部去测高程吧，我们几个都够呛……"

"小李子"拍拍胸脯道："保证完成任务！"说完便带着便携式全球定位系统出发了。杨朝民派他的儿子杨二当向导，并负责照相。"小李子"一路哼着小曲儿开心地往下爬……

一路好风光啊！从凹地半坡往下看，凹地中间是绿色的，现在是旱季，凹地没有积水，应该是长满了草。往上一点，往年没有积水的地方，有原始灌木林围绕着，缕缕白雾正袅袅上升……这景致绝了！当地居民的几块苞米地，由于凹地环境温暖湿润的特殊小气候，已然冒出星星点点的浅紫色的折耳根嫩芽，真惹人爱。

大约二十多分钟后，"小李子"到了高务凹地底部。底部是平坦的，长满了青青芳草。那草坪太舒服了，比足球场的草还好！可惜这里的村民们不会踢足球。"小李子"先是测凹地中心点高程，然后是水淹线的高程……从底部仰望，天很像是一面圆圆的镜子，好看极了。"小李子"边干活边欣赏风景，忙得不亦乐乎。杨二举起相机，不时拍摄着他有些刻意摆出的工作状态的"pose"，也忙得不亦乐乎。不知不觉间活干完了，两人就从凹地底部一步一步往上爬。作为山里的村民，杨二爬起坡来似乎一点都不费力，脚步轻盈飞快，可苦了"小李子"，在后面赶得辛苦，杨二走走停停地等着他。

从高务凹地出来后，"小李子"和杨二又去了绿水村，测量水塘水位高程。水塘是绿水村乡亲们世世代代的饮用水源，碧汪汪的一潭水，宛若翡翠缀在村庄田野中间，旁边有一颗巨大的古柏，参天耸立，倒影清晰地映在碧潭上。潭水清凉甘洌，掬一捧饮尽，全身每个毛孔都舒坦了。

三

在射电办工作期间，"小李子"接触了不少科学家和工作人员，留给他深刻印象的有好几个。

一是彭勃的满怀豪情。2009 年 7 月，中国科学院国家天文台 FAST 工程主力战将之一的彭勃博士来"大窝凼"考察。射电办全体同仁负责接待服务，陪同考察全程。微胖的彭博士长得不高，很有亲和力，脸上的笑真诚极了。他与考察组一行在"大窝凼"待了三天,钻山林、下"大窝凼"、进村入户……一次吃饭时,彭博士说了一句话和大家共勉:"我们要做,就做世界第一!"那份万丈豪情,让"小李子"至今仍记忆深刻。

二是聂跃平的趣事。那天很多专家一起到"大窝凼"考察,作为服务人员,在下到"大窝凼"底部的路上,"小李子"看见一个高个儿的老头儿,背微微有点弓,似乎在很吃力地向下迈步。顾不得身上背着的摄像机有多重,"小李子"飞快跑上前去,一欠身,用一口蹩脚的普通话说:"这位老师您好,我是平塘射电办的小李,我来搀扶您吧!"谁知这位老师微微一笑,道:"小伙子,上蹿下跳地灵活得像只猴子哟!不用了,我还行,谢谢你了!"听他一口地道的独山腔,"小李子"当场就愣了,接下来便用平塘话与他交谈。后来"小李子"才得知他就是聂跃平博士,我国遥感技术领域一位重量级人物。聂老闲时喜欢小酌几杯,工作间隙大家很愿意作陪。他总是兴味盎然,感慨地说还是和家乡人喝酒安逸,还是讲本地话才"爽",大谈特谈独山的特产盐酸、臭酸、虾酸有多么多么好吃,还说起了他把臭酸带到北京去吃的趣事——炒臭酸弄得四合院满院"飘香"(那味道,黔南人懂的),那些北京老太太们咋舌:"贵州人真能吃,连大粪都拿来炒着吃了!"哈哈哈,她们又哪里知道其中滋味呢!

三是南仁东的香烟。南老师是 FAST 工程首席科学家,FAST 的构想最初就是他提出的,也是他不遗余力毕生推进的事业。那时候南老师年逾六旬,身板结实,精神矍铄。他醉心学术,态度非常严谨,一切都以科学为准则，苛刻得近乎不近人情。每每开会讨论技术问题时，他绝对是整个会场的灵魂人物，甚至为了一个细节与同事辩论得面红耳赤……挥舞的手势和铿锵的语调，无不显示出一种张力和让人信服的魄力。他枯瘦的手指尖常夹着一支细长的香烟。那种香烟他还分给"小李子"抽过，细长细长的，上面全是英文，叫不上名，但味道很好。

四是郑晓年的"情人"。中国科学院国家天文台台长郑晓年的经典事迹就是，一次席间，他举杯犒劳在座宾客时说："为了我们共同的'情人'——FAST，大家干一杯！"这句话至今犹被奉为经典。

五是张蜀新的相机。张蜀新主任此行的目的是拍摄"大窝凼"民居原貌，说是要作为档案永久保存，作为FAST永久的记忆。在垭口亲眼看到"大窝凼"时，张主任一行兴奋得很，他扛着那个大大的照相机东拍西拍，"小李子"给他扛着脚架跟在后面跑。他在半坡拍全景，到了底部拍民居、拍田野、拍老人……就连村中那口古井、那棵桂花树和那棵花红树，他都拍得兴致盎然。为了表彰"小李子"扛脚架有功，他给"小李子"拍了张以"大窝凼"全景为背景的得意之作。"我这相机光镜头就是两万多……"张主任曾得意地说。

四

2008年12月26日，中国科学院国家天文台决定在"大窝凼"举行

群星璀璨——中国天眼背后的人们

FAST工程奠基典礼，射电办的"精英们"忙了起来！

协调征地用以搭建主席台、制订会务方案和接待方案、协调宣传工作、营造氛围、筹备晚会、制作联系卡、布置会场、联络到会领导……一大堆烦琐的事务，具体有多少"小李子"都记不清了，只记得奠基典礼前夜，射电办全体同仁加班整材料接近通宵。

付出换来收获，汗水是会结果的。兄弟姊妹们的辛苦，终于迎来了盛大隆重又热烈的FAST工程奠基典礼！

2008年12月26日，那真是全县人民欢欣鼓舞的大日子。县城和"大窝凼"主会场到处彩旗飘飘，锣鼓喧天，鞭炮齐鸣，全县人民脸上都是笑容满面的。中国科学院的、天文台的、省里的、州里的、县里的、

兄弟县（市）的各界人士齐聚"大窝凼"，威武的公安、勤劳的交警、可爱的护士和带着黑眼圈的射电办人员，都忙得团团转。大小车辆排满了牛角岔路口的公路，犹如长龙一般，相当壮观。主会场上，唢呐队、掌布民族舞蹈队、卡蒲民族风情表演队等尽情地展现着平塘民俗的风情风采，迎接着八方宾客。随着奠基石稳稳当当落地，领导们挥动系着红绸的铁铲，在热烈的气氛中，FAST工程奠基典礼圆满结束。

"小李子"和他的同事们虽然累极了，但也高兴极了。大家争先恐后地跑到奠基典礼主席台前合影留念，在这个历史性时刻、历史性场景留下自己永不磨灭的印迹。

晚上，在政府大楼前的广场举行了盛大的歌舞晚会，灯火璀璨，大家纵情狂欢。

五

众所周知，移民搬迁是一项不好干的工作。FAST工程需要台址区内十多户群众移民搬迁，还要对进场公路沿线几十户群众进行征地补偿，其间的辛苦可想而知。"有苦也有甜！""小李子"说。

2009年7月的一天，射电办协调县国土局和林业局，到"大窝凼"东南角的牛棚（小地名）开展征地测量工作。烈日当空，"知了"声声，大家在地里干活干得正欢，忽然乌云密布，雷声隆隆，大雨如豆撒下，

众人不得不撤了仪器，跑到群众废弃的牛棚去避雨，一个个呈落汤鸡状，对视而笑……大雨过后，转成淅沥的小雨，为了完成当天的工作任务，大家穿雨衣的穿雨衣，戴斗笠的戴斗笠，接着开展测量工作。国土局副局长老刘（刘仕波）在测量中被荆棘拉破了雨衣，一旁的老吴（吴珍应）揶揄道："我们老刘为了FAST工程，跑得裤裆都绽开了！"众人齐笑，这事后来成为又一趣谈。

再后来，就是进场公路炮损征地补偿之类的事务。忙完了之后，根据工作安排，"小李子"和射电办的其他兄弟姊妹们又回到了原来的单位。离别时大家都有些感伤，但心里都有很多珍贵的记忆。一个"缘"字，让大家聚在一起共事；一个"缘"字，让"小李子"与FAST亲密接触。那些点点滴滴的汗水与欢乐，将如酒，在记忆深处日益香醇。

披星戴月的采购员

李金喜

杨天敁是"中国天眼"总部食堂采购员,虽然这份工作很平凡,但他做得很认真。此前,他是住在"大窝凼"的12户村民之一。

2019年初,为了支持大射电天文望远镜工程建设,他们全家与其他11户乡亲一道搬出了"大窝凼",到克度镇上居住。刚离开老屋时,他有些无所适从——父母年纪大,自己又没有别的技能,全家日子过得紧巴巴的,这咋整?

为了养家糊口,才二十出头的杨天敁决定外出务工。他先后到过广东、浙江等地,打过零工,也当过技术工,甚至干过重体力活儿。杨天敁淳朴老实、吃苦耐劳,学技术入门快,无论到哪里都能得到老板的器重。他工作时间最长的是服装制作,除了做技术工之外,老板还聘请他当产品质检员,专门负责质量把关。在八九年的务工生涯中,他连节假日都在加班,很少有机会回家过年。后来他还把新婚妻子张仕花带在身边一起务工，夫妻团聚了，在外地过年更是家常便饭。

尽管如此，杨天啟仍牵挂着家乡的发展，特别是大射电，时刻牵动着他的心，每次给家里打电话都要问问大射电的建设情况。2016年9月，大射电望远镜顺利竣工的消息传来，杨天啟激动得几晚睡不着觉。他说，一定要挤时间回家看看，感受一下"中国天眼"的魅力。2017年底，杨天啟夫妇跟老板请假回阔别多年的家乡，到家时已是深夜。

第二天一大早，他和妻子走出家门，想看看当年航龙沙坝的样子。在他们的印象中，从塘边通往航龙的泥砂公路与册三公路（贵州册亨至广西三江）在此交汇，形成一个丁字路口。泥砂公路南边是一块块大小不一的稻田，北边是宽阔的沙地和丘陵，上面有成片的葱葱郁郁的板栗树，树林间依稀可见农户的瓦房……然而，这些记忆中的景象如今已荡然无存，呈现在他俩面前的是一座充满现代化气息的"天文小镇"。高高的地标性建筑天文时空塔，气贯长虹的天幕商业街，喷香扑鼻的万国风情美食街，绚丽多彩的星光游乐场，富丽堂皇的星辰酒店……各色星罗棋布的建筑让他们目不暇接。这哪里还是他们当年想方设法要走出去的大山。

"咱们到老家看看吧！"杨天啟兴致勃勃地又携妻子乘上了到"大窝凼"的旅游大巴。这是他们第一次乘坐回老家的旅游车，也是第一次走老家的沥青路，心情无比激动。

到了"大窝凼"，一切都是新的。他们登观景台，极目远望，群山尽收眼底。脚下，一口闪亮耀眼的特大"天锅"几乎盖住了整个山窝。过去蜿蜒曲折的小路不见了，当年错落的木瓦房没有了，曾经的鸡鸣犬吠声听不到了……取而代之的是观测浩瀚星空、探测宇宙奥秘的国之重器——"中国天眼"。"哎呀，我们哪里是回老家嘛，简直是穿越时空到了一个高科技的国度。"妻子张仕花很惊讶。

家乡翻天覆地的变化让杨天啟兴奋不已，他对这片土地更加恋恋不舍了。

杨天啟得知在运行期间，大射电总部还缺工作人员，比如食堂炊事员、卫生保洁员、宾馆服务员等，"留下来，为中国天眼做些服务工作"的想法，在他心里悄悄生根。几天后，杨天啟通过朋友介绍，到天眼总部应聘。在面试过程中，他反应敏捷，靠着丰富的人生阅历和工作经验，得到了天眼总部领导的赏识。总部通过考察还得知，杨天啟具有乐于吃苦、甘于奉献的精神以及正直的人品，便决定招聘他为食堂采购员。得到聘任通知后，杨天啟立即打电话向工厂老板辞职，放弃了月薪七八千元的优厚待遇。不久，妻子张仕花也辞掉了厂里的工作，应聘到星辰酒店做服务员。

天眼总部食堂是专门为大射电里面的科学家、工程师、工作人员服务的，平均每天就餐人数有五十余人。食堂要提供一日三餐，没有周末和节假日，每天需要采购 1000 元以上的食材，并且要求食材品质新鲜、不能过夜。

为了确保食材准时供应到位,而且保证新鲜,让大家吃上安全放心的饭菜,杨天啟自当上采购员那天起,一年三百六十五天,他把采购时间严格定在每天凌晨至上午 9 点,出门之前还要做很多准备工作。

平时一般都是工作餐,杨天啟只要在天亮之前赶到克度镇农贸市场采购好食材,然后在炊事员上班前送到库房就行了。要是遇上检查接待、对外交流、大型会议等活动,就餐人数增多,菜谱品种增加,档次提高,所需食材就得前往罗甸、惠水、独山甚至贵阳等地采购。遇到这种情况,他的上班时间就要更早,有时凌晨就要开车前往外地农产品批发市场,在天亮前采购完毕并装好车,又马不停蹄地赶回来……

食材进库后,杨天启还要及时整理采购的数据清单,完成汇总,以便月底结算。一直到上午 9 点,他把工作全部处理好后,才去吃早餐。

每天下午5点,杨天啟便要开始做第二天采购的准备工作。他要详细检查货车的行车状况,以确保途中安全。晚饭后他会主动询问炊事员当天的食材消耗情况,并将所缺食品逐一登记,接着找分管食堂的赵宝庆主任汇报食材供求现状,征求采购方案。之后,他还需要做的就是拿着所列清单,逐一耐心地询价比价,尽量请炊事员、职工代表参与制订采购计划,虚心听取意见,努力为大家采购到最新鲜、最实惠的食材。

杨天啟每天的工作就这样伴着浓浓晨光和夜色,风雨无阻地进行着,但他始终认为,为"中国天眼"服务,所有的苦都是值得的。

有一年盛夏的一天,杨天啟接到总部通知,说过两天要举办一场高规格的大型天文学研讨会,近百名参会人员都被安排在食堂就餐,后勤保障一定要到位。赵主任拟了一个采购清单交给他。

接到任务后,杨天啟感到压力非常大,因为就餐人数多,除了后勤保障要到位，食品卫生安全更是马虎不得。他心里有些不踏实，但一想到总部对他的信任，他又动力十足，自己给自己鼓劲，"一定要圆满完成任务"。他打电话与贵阳一家食品批发部联系，并把采购清单发了过去，双方核实好食材品名和数量，商讨好价格后，杨天啟用微信预付了定金，对方承诺在会议当天天亮之前会准时送货上门。

会议前一天晚上，天空电闪雷鸣，大雨下个不停。杨天啟本想趁这个机会睡个安稳觉，可上床后怎么都睡不着，他担心明天的食材：路途遥远，又下着雨，万一老板不能按时送货怎么办？万一中途出事怎么办？万一采购任务没完成，又怎么向总部交代？

深夜12点，杨天啟的手机骤然响起。

"贵阳这边雨太大，走不了，等天亮再说吧！"听到这话，杨天啟大脑空白了一下。

"什么？天亮再说?！我这边一百多号人在等着吃饭呢！"杨天啟急得从床上弹起来。

"那你们就另想办法喽，我可以退你定金。"老板不愿意送货。

"半夜三更的，你叫我去哪里想办法呀！"杨天啟生气了。

"唉！那我尽量想办法吧。"对方的话语微弱得几乎听不到。

"不是尽量，是必须！"杨天啟几乎吼了起来，接着又换成哀求的语气，恳求老板务必将货按时送到。

"那就要看天气啦，安全第一啊！"老板还是不愿来。

"今晚你们先别睡觉了，开门等我，我一到就上货。"这是当时唯一的办法，只有杨天啟亲自出马了。

天上大雨倾盆，雷鸣电闪不停。杨天啟翻身起来，打着伞跑向门外，发动车子冲进雨幕，火速朝贵阳赶……

一路上，暴雨仍下个不停。尽管雨刮器一直开着，视线还是极为模糊。车到半道，遇上山体滑坡，一根大树倒伏横卧在路上。杨天啟一个人无法搬动，只好调头改走通组公路，绕道十多个村寨，最后才从边阳上了高速。这一绕路，多耗去了两个小时，终于四点三十分赶到了贵阳。

老板开门看到他时，大吃一惊："这么大的雨，你不要命了？"杨天啟说："你不晓得明天就餐的是哪些人！快，快装货，天亮前我一定要赶回去！"

老板和他用半个小时验好货、装好车，付完款后，杨天啟又冒雨原路返回。途中，雨终于小了下来，后来渐渐停了。天色微明，杨天啟紧张的心情也得到稍许缓解。整夜未睡，心急如焚，加上忙着赶路，他满头满脸都是汗。

天大亮后，杨天啟顺利到达边阳镇上。他感到有点饿了，就把车停下，准备吃完早餐再走。早餐店的老板刚给他端来一碗粉，他正准备动筷子，却听到店里的人议论说前面路断了，杨天啟立即放下筷子，开车赶过去看看究竟。来到离镇上大约一公里的下坝村水淹坝，他一眼看到整个坝子都被淹成了湖泊，压根看不见水下的公路。"完了！"杨天啟暗暗叫苦，这一下，无论哪条路都走不通了。

这时的杨天啟有些傻眼了，急得直跺脚。但他赶紧让自己冷静下来，忙用电话向赵主任做了汇报。赵主任安慰他："别急，先注意安全。"

奔波了一个通宵，杨天啟很疲倦，想在车里休息一下，但一想到食堂正在等着食材，他咬咬牙，调转车头回边阳，往板庚方向开，计划绕道罗甸、沫阳、懂架等地返回。

兜了很大一个圈子，上午九点三十分，杨天啟终于赶了回来。

他还没把车停稳，就看到赵主任在食堂门口焦急地等着。看到他的车开进来，赵主任一喜，立即迎了上来，又召唤食堂工人全部出来卸货。

之后，杨天啟听食堂的人说，赵主任接到电话后，为了保证他的行车安全，就不再打电话问他的情况，并做了应急准备，如果他过了九点半还赶不到，就执行新的方案。

类似的经历，杨天启遇到不止一次，尤其是在冰天雪地的冬天。

有一年年关，大凝冻来了，总部食堂及职工公寓的水表、水管冻裂，造成水源外流结冰，无法正常用水。杨天啟接到紧急任务，需要外出采购水表和消防管道阀门。接到任务后，他按照产品规格和数量，询问了克度、通州的供应商，结果要么是规格不符合，要么是数量无法满足。后来他打听到都匀一家经销门市部有货，但物流配送需要两天，而且还不能保证准时送达。维修保障刻不容缓，杨天啟决定亲自前往都匀采购。

披星戴月的采购员

当天虽然路上的冰雪已经开始融化，交通部门不再封路，但地面仍然湿滑，通行条件恶劣。来回200多公里的车程，平时只要6个多小时，这次杨天啟却整整花了近12个小时，沿途一直精神紧绷、小心翼翼，双手的手指也因长时间紧握方向盘而有点伸不直了。

顺利返回后，他下车的第一句话是："水表买到了，快叫维修师傅来，大家马上就能用上水了！"

看着一身疲惫、满眼血丝的杨天啟，同事们都催他赶紧休息，他却说："自己等师傅来维修了才能安心休息。"

"天眼"食堂除了采购员对食品进行初步把关，还设有专职质检员。听说杨天啟在外打工期间当过服装质检员，虽然服装与食品属性不同，但这个岗位毕竟是有责任心也细心的人才能担任，赵主任又安排他兼任食品质检员。在工作中，他始终把规则与程序放在第一位，严防不合格食品进入食堂。

为了提高自己的工作水准，杨天啟一有空就抄写《中华人民共和国食品安全法》，抄多了，重要的章节他都能够熟练地背记下来。同时，质检员需要熟悉各种食材的特性，能够准确辨认出优劣。杨天啟经常到市场上与商家交流，充分了解各种食材的辨别技巧。通过不断学习和积累，杨天啟熟练掌握了质检本领和技巧，只要"一抓、二看、三闻"，就能辨别出食材的好坏。

对杨天啟来说，他的工作细节和态度，体现在每一样食材都有记录，有进货台账，每一个品种入库都有相关证件，配送车辆到达后都要喷雾消毒，每一次沟通都要耐心和主动。除了外出采购，他都坚守在质检岗位上，用一份责任心坚守着每一个细小的环节……

每个凌晨，当大家还在梦乡的时候，杨天啟却早已出发，开始了这一天新的征程。寒来暑往，披星戴月，在悠长的岁月中，他迎来的是"中国天眼"每一个美好的早晨！

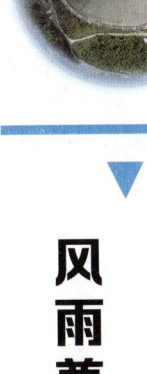

风雨兼程同路行

袁鹏

2016年9月25日,"中国天眼"落成启用,睁开了它探索宇宙的"眼睛"。但如果没有充足稳定的电力供应保障,那么它也只能是一只睁不开眼的巨眼。

几十年间,一群常年戴蓝帽、着深色衣的供电人,从1994年FAST项目选址至今,一直陪伴着"天眼",风雨兼程,一路同行,共同成长。他们以坚韧执着的品格、扎实苦干的精神,一茬接着一茬地为"中国天眼"的顺利落成和启用,持续提供安全用电保障。

01 当时只道是寻常

时光回溯到2000年的那个秋天,家住平塘县克度镇金星村大寨组的杨元普回到家乡,被分配到家门口的平塘供电局航龙供电所(后更名为天文供电所）工作。大寨组是"大窝凼"旁边的一个寨子，与"大窝凼"直线距离不超过两公里。作为本地人的杨元普怎么也没想到，此生会与"中国天眼"这个大国重器紧紧联系在一起。

对于杨元普来说，参与大射电早期选址工作纯属偶然。2001年，FAST项目进入采集数据选址阶段。一天，所长安排供电所年轻力壮的几个小伙子，抬一台大功率发电机跟着前来考察的科学家进山，至于抬到哪里，抬去做什么，所长也没具体说。

交谈时，杨元普说："领导安排就去了嘛，所里另外三个年轻些的同志和我一起抬着发电机，跟着进山去了。"

杨元普说："开始我们先是用马车拉，拉到马车都走不了了，我们就只能用肩膀抬。四个人抬着发电机连走带爬，历经几个小时，最后来到了'大窝凼'的垭口上。在垭口，我们看到天线一排排摆在地上，科学家们都在忙着接线架线。他们接好线后，我们就负责发动发电机，给这些电线接通电源。"

连续几天，杨元普他们就这样抬着发电机，跟着大射电选址考察的科学家在大山里跑，为科学考察提供用电保障。

2003年，大射电还没确定选址，平塘供电局就为科学家们在"大窝凼"安装了一台10千伏临时变压器供观测用。"看好天眼的变压器"是师傅交给杨元普的第一项任务。杨元普回忆，2003年还处在观测期的时候，一天晚上变压器烧了。他接到通知，马上骑着摩托车从供电所赶到现场进行抢修，忙活到半夜两点多才结束。结束后，他又一个人骑着摩托车赶回所里值班。回忆起那天的经历，杨元普至今仍心有余悸，他说："一个人骑车走在弯弯绕绕的山道上，冷风吹来，后背都发凉。起初不想去，但做到这份工作没办法，只要有需要，再晚也要去（抢修）。"

后来，随着与科学家们接触的机会增多，他不光明白了大射电的意义，同时也被科学家们不怕困难、兢兢业业、一丝不苟的精神所感动，责任心越来越强了。

2008年1月，特大凝冻袭击贵州，平塘电网遭受重创，包括设备受损严重的"天眼"基地在内，克度镇整整停电一个月。冰雪消融后，为了抢修线路，及早供电，杨元普和供电所的全体职工日夜奋斗在第一线。凝冻中，受到损坏的线路、塔架、电杆大都建在高高的山上。冰雪虽然开始消融，但是高山上的积雪却难以化尽，往山上拉线与运送杆子都要比平时多花两至三倍的人力和物力。那时候，杨元普和其他职工基本上白天都不休息，晚上还得加班加点干。工作中，困意袭来时，为了不耽误工作，就随手抓一把雪涂抹在脸上，瞌睡醒了后又继续干活。但最难的还不是休息不好，而是抬杆子上山，山路湿滑，看到抬杆子的民工力量不够，杨元普他们就加入进去。有时上山的路常常是走一步退一步，无论怎样用劲都上不去，甚至还会出现危险，他们就用工具挖出梯坎，边挖边走，克服各种困难把杆子运到山上。

回忆起那段经历，杨元普说："特别是通往"大窝凼"的路，不是爬山就是跨坳，好多地方都处在风口上，设备损坏最为严重，维修起来也最困难。为了保证大射电建设工地及早通电，我们连续一个多星期起早贪黑，没日没夜地干。终于通电的那天，我一躺下就起不来了。"

2008年12月26日，FAST工程奠基典礼在"大窝凼"举行。2011年，"天眼"建设初期，"大窝凼"的电力只能满足照明用电需求，不能满足"天眼"工程3000千瓦的项目正式用电负荷。平塘县投入1743万元，专门架设了35千伏从克度变电站到天眼建设基地的18.25公里输电线路（含8.9公里地下电缆），修建了专用变电站。

由于喀斯特洼地不适合用挖掘机进行作业，通往"大窝凼"的电缆沟只能靠人工来挖掘。为了尽早铺上电缆，早日给大射电建设工地通上电，杨元普和他的战友们排除万难，日夜奋战，用很短的时间就打通了一条21.75公里的10千伏临时施工线路和一条18.25公里的35千伏主供线路。供电人不怕困难、迎难直上的精神，让电跨越崇山峻岭接入"天眼"建设工地，点亮了热火朝天的"大窝凼"。

"大射电从选址到建成这些年，就像看着自家小娃长大了一样，我很自豪、很感动，自己也从年轻小伙变成了中年大叔。这辈子能参与到大射电建设中来，值了。"

杨元普说这些的时候很平静。

2022年，杨元普调离奋战了20多年的天文供电所，继续在新的岗位上发光发热。

02　见证天眼建设的点点滴滴

和杨元普差不多前后来到平塘供电局天文供电所工作的曾登荣,工作经历要曲折得多。

1966年生的曾登荣,年轻时务农,农闲时靠给人修理家电谋生,在农村来说是为数不多"懂电的人"。因为这个缘故,2001年前后,他作为临时工,进入天文供电所当了一名抄表员。

八月一个夏日的午后,在平塘县克度镇天文供电所的二楼办公室,我第一次见到了曾登荣。被同事称作"闷葫芦"的曾登荣,话不多,我提的好多问题,在他嘴里都只是普通的工作而已,时间长了,年纪也大了,好多都记不得了。作为平塘供电局早期参与大射电选址与建设的"元老",这些年来,好几次有媒体想采访他,都因问不出个所以然来而放弃。

我放下手中的采访本和相机,说我们就摆摆龙门阵,闲谈。

作为负责"大窝凼"片区的抄表员,曾登荣每个月都要到"大窝凼"里面给12户人家抄电表。每次抄好后,就在纸条上写明用电度数、该交多少钱。这些纸条放在电表上,村民看到后,就会在赶场天拿着条子到镇上的供电所交电费。

"熟悉了以后,'大窝凼'里的村民有些也会当场把钱交给我,由我帮他们代缴，省得费时间跑一趟镇上。"曾登荣回忆，那时候路还没修通，要先骑摩托车到现在的牛角公路入口，然后走路下到"大窝凼"，来回一趟就要三四个小时。

从"大窝凼"凼顶沿着"之"字形的陡峭小路，下去要半个多小时，上来却差不多要一个小时。"之"字形路的拐弯处下面几乎是垂直的，很陡，一滑下去就完蛋。长期行走在盘山小路间，且待遇不高，难以养家糊口，曾登荣曾短暂离开供电所回家务农，还帮人修理家电。随着航龙供电所工作越来越繁忙，在所长的再三邀请下，曾登荣又回到了所里工作，只是这次不再当抄表员了。

随着大射电项目从立项到建设推进，曾登荣逐渐参与到保电工作中来，往返"大窝凼"的次数比以前更多了。

2008年12月26日，FAST工程奠基典礼在"大窝凼"举行。

曾登荣说："'大窝凼'开工以后，有什么用电问题和故障，一打电话来，我们就去做了，算不上什么大事情。""那时候我经常去'大窝凼'里面，十岁的小儿子也经常跟去，一来二去就和大家混熟了，大家都喜欢他。"

曾登荣带我来到供电所一楼的陈列厅，指着FAST建设大事年表，其中有一张照片就是他和小儿子与供电所同事们的合影。照片以奠基典礼的主席台为背景，上面有"2008.12.6"一串代表日期的数字。这是一张具有纪念意义的照片，对于曾登荣和他儿子来说，更是一辈子的骄傲。

"他们经常摘野菜吃,长在石头上的地木耳是他们最喜欢吃的,我们一做完事情,他们就让我们在那里吃了饭再走。"因为工作,曾登荣知道一些南仁东等科学家在"大窝凼"里工作和生活的趣事。

二十多年过去,曾登荣如今还在克度镇天文供电所工作,主要从事用电安全监管等。

大射电落成启用后,带来的是家乡的巨变。随着大射电项目的推进,曾登荣和村民们一起从五公里核心区集中搬迁到航龙社区生活,政府还给修建了三层小楼。在家门口工作,房子租给别人做生意,曾登荣一家的日子越过越好了。

03 专业服务任重道远

早在 2008 年,南方电网"天眼供电服务队"正式挂牌成立。队伍成立之初,只有 5 名队员。

2015 年 11 月,35 千伏"天眼"专用变电站进入投运的关键阶段,项目工程师却在调试过程中遇到了从未遇到过的技术疑难。"天眼供电服务队"接到求助后迅速出动,时任队长的杨光照带领 4 名技术专家夜以继日地苦干了三天三夜,解决了进出线安装滤波器后出现的 10 千伏母线电压异常、断路器不能操作、主变差动保护差流越限等技术问题。

由于"天眼"核心区实行电磁屏蔽,手机没有信号,而工作任务来得紧急，服务队忘记跟家里人说，这三天三夜里，队员们与家人就"失联"了。当时任队长的杨光照的妻子心急如焚地赶到"天眼"时，看到疲惫不堪、满眼血丝的丈夫还在忙碌，她的眼泪就流下来了。

2015年12月12日，中国科学院国家天文台致信南方电网贵州平塘供电局表达感谢，信中提到："35kV（千伏）天文台0#变电站是为射电望远镜所有运行设备提供能源的唯一变电站。变电站调试时，技术支持队伍将出现的问题逐一解决；变电站启动投运时，供电局派出最好的技术队伍和操作班子进行支持。变电站建设、调试、投运过程中，技术专家为我们指出诸多安全隐患，使我们避免遭受巨大的经济损失。"三天后，时任"天眼"项目副总经理的张蜀新专程从北京赶赴平塘，代表中国科学院国家天文台，向"天眼供电服务队"赠送了一面有"保障天眼办实事，鼎力相助显真情"字样的锦旗。

2016年9月25日，"中国天眼"落成启用后，为了扛起保障"中国天眼"安全运行的重大责任，平塘县组织成立了六支服务队，全力保障"中国天眼"安全运行。其中，平塘供电局选派36名技术、输电、变电、配电等方面的优秀技术人员，组成新的更为壮大的"天眼供电服务队"，由天文供电所所长担任队长，建立并完善了"中国天眼"安全用电风险管理、巡视值守等一整套规章制度，编制《一站一册》《一线一册》和电网事故处理预案，运用超声波检测仪、紫外线探测仪、热成像仪、局部放电测试仪、无人机等电网高科技设备，定期对"中国天眼"主供电源变电站、线路、专用变电站用电设备、观测基地周边电力设施设备进行全面循环式健康"体检",全力保障"中国天眼"观测基地及周边地区电网安全稳定运行以及电力可靠供应。

"天眼"距离供电所29公里,车程为25～30分钟。随着一批又一批的天文观测成果不断涌现,可靠的电力支撑和快速的服务响应显得越来越重要。在"寸土寸金"的"天眼"综合楼内部,"天眼"管理部门还是为"天眼供电服务队"特设了一间"天眼供电小家"。

"天眼供电小家距离望远镜台址直线距离不到1公里,有专人值守,出现用电问题可第一时间发现,第一时间处理。"时任天眼供电服务队队长的杨昌春介绍道。

进驻天眼供电小家之后,考虑到"天眼"专用变电站以及供应生活、科研设备用电的电气设备由天眼管理部门招聘的7名电工负责,服务队随即以南方电网安全生产风险管理体系为蓝本,为"天眼"电气设备管理量身打造了一整套规章制度,同时义务为电工开展定期培训。

守护天眼13年,杨昌春说,"天眼供电服务队"早已和"天眼"部融为一体。回想"天眼供电服务队"与项目部的深厚友谊,献身天眼工程十余年的甘仁波博士感慨道:"感谢供电部门的大力支持,使我们的天眼能快速睁眼,扫描宇宙。"

甘仁波博士还提到,南仁东在世时也曾多次表示,感谢服务队给予工程的可靠电力保障。

作为国家重大工程,FAST 工程受到南方电网公司的高度重视,先后投入资金 8349.9 万元,修建了 35 千伏塘边变电站、都匀平塘克度 35 千伏变—"大窝凼"射电望远镜项目 35 千伏送电线路工程、110 千伏通州变扩建工程等项目电网配套设施,全力确保工程对电压稳定性、谐波、安全管理等供电质量的特殊需求。

2019 年 7 月 30 日,"中国天眼"工程第二电源成功投运,为天眼的平稳运行提供了"双保险"。

征途漫漫,唯有奋斗。"作为新一代供电人,我们要接过前辈们手中的接力棒,把保障好'中国天眼'安全运行当作我们毕生的使命。"平塘供电局配电中心副主任黄路说。这位年轻的 90 后主任从遵义师范学院电气工程与应用专业毕业后就进入平塘供电局工作了,他见证了中国天眼的落成启用,深知未来的路任重道远。

人离故土情难舍

雷远方

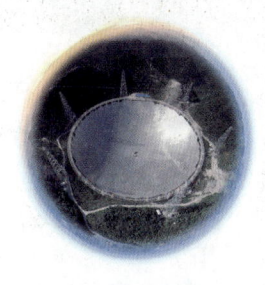

最近得知杨朝民老人去世的消息,很是悲痛,我为失去一位曾为中国天眼前期选址工作付出心血的农民而感到惋惜。

回首往事,两次采访他的情景又浮现在眼前……

第一次采访是在2009年5月9日,地点是克度镇绿水村"大窝凼"组。

在此之前的2008年12月26日,中国天眼已在"大窝凼"举行了奠基典礼,县政协文史委要编辑一本名为《地球天眼遨苍穹》的文史书籍,于是便组织了黔南州二十多名作家深入"大窝凼"采集资料,领略"大窝凼"的自然风光和神奇魅力,同时也想为"大窝凼"里即将消失的村庄拍摄照片,用文字和图像共同记录这片土地上的人和事。

去的那日,天下着细雨。我们的车从县城出

发,沿着册三公路行走了九十多公里,在克度镇牛角组拐上乡村路,再行走十多公里,就到了"大窝凼"垭口脚下。

垭口脚下靠山处建有一排木板房,那是大射电望远镜项目临时办公房,在周围的山色中,白绿相间的办公房格外显眼。

办公房前,一个老人在不停地张望,那就是早已等候多时的镇领导为我们安排的向导杨朝民。

杨朝民是土生土长的"大窝凼"人,六十多岁,中等身材,穿着朴素。见到我们一行,他连忙上前打招呼,把我们让进临时办公室,并将早已泡好的茶水倒进一次性塑料杯中，让镇里的接待干部一一递给大家。

"杨公，你在这里上班吗？"我问。

"是的，我是县科技局聘请的临时工。"杨朝民答道。

"你在这里工作几年了？"

"四年了！"杨朝民自豪地说。

"这是县里2004年修建的科学考察用房，当年就聘请杨公在这里看守、接待。"在一旁的克度镇人大主席李国斌插话，"科学考察用房投资40万元，共120平方米，配套建成两座30立方米的水池，架设电线，同时县里对册三公路到"大窝凼"15公里的道路进行了改造，使进出"大窝凼"的交通条件得到改善。"

"杨公，平时工作主要做些什么呢？"我又问。

"主要任务就是守办公房，看守设备，接待到"大窝凼"考察的专家、工作人员和客人，特别是来这里的科学家和监测的工作人员，我要为他们做饭……"

"你还要为他们当'伙夫'啊？"

"是啊！那时候，科学家、监测工作人员来了，在山上设了好几个监测点，他们白天上山监测，晚上住帐篷。吃饭就是由我负责的，我煮好饭，炒好菜，用一次性饭盒装好，放在背篼里，一个监测点一个监测点地送到他们手上。办公房没有水，我就去"大窝凼"的水井里挑，再爬坡抬上来……"

"你见过南仁东吗?"我问。

"见过,"他答,"大概是 2000 年,他与一个叫聂跃平的老师一起来的,带路的是我侄儿杨天明。那时'大窝凼'不通公路,他们从公路那边步行了 3 个多小时才到'大窝凼'。考察完地形地貌后,他们就在杨天明家休息、吃饭。我那时也去了,对他印象很深,嘴上留有小胡子,人很精神,就是穿得太随意,衣服都被刺破了,像我们农民一般不甚讲究。同行的人都喊他'男老师''男老师',我还觉得稀奇,他不就是男的吗?后来才知道,他姓'南'……"

"杨公,去'大窝凼'了!"有人在板房外喊,打断了我们的对话。

于是,我们走出木板房,沿着小路,爬上"大窝凼"垭口。

垭口上石缝间,一棵树龄在 150 年以上的古柏树郁郁葱葱,展示着它顽强的生命力。

古柏树下就是赫赫有名的"大窝凼"了。

站在树下眺望,呈现在我眼前的是一种独特的自然景观:四周山峰高耸,植被茂密,藤蔓倒悬,满眼翠绿;巨型凹地深陷,浑圆天成,幽幽迷离,神秘莫测。

"哇!"同伴中有人惊呼,有人慨叹。

杨朝民带领大家沿着山路蜿蜒而下。"看,那是我们的村子!"下至"大窝凼"中部,杨朝民用手向下指着说:"中间那栋是我家呢!"

顺着老人手指的方向望去，眼前出现十几栋木质结构的瓦盖房屋。房屋沿东面和北面的山坡而建，稀稀疏疏，屋面青黑，板壁银灰。几户人家的门前架有接收电视信号的银白色的"天锅"；房屋前的田埂一片碧绿，那是麦苗为窝凼底部铺就的一张绿毯；田间小路清晰可辨，几个村民行走其间，或荷锄以作，或担水而归；仔细听听，鸡鸣犬吠，时不时还传来几句流行歌曲的歌声。

眼前村落，眼前景象，宛如与现代社会融为一体的世外桃源，村民们过着安逸、闲适、祥和的生活，过着日出而作，日落而息的太平日子，大山阻隔不了电视清晰的图像，沟壑也阻隔不了手机的信号。

"几个月之后，我们的村庄要消失了……"我正遐想着，耳畔传来杨朝民忧郁的喃喃之语。

是啊！中国科学院国家天文台通过卫星遥感技术选中此地，南仁东、彭勃、聂跃平、殷跃平、朱博勤等天文学家、专家多次到此考察勘测，确定在"大窝凼"建造"天眼"——500米口径球面射电望远镜。作为国家重大科技基础设施，"天眼"由中国科学院国家天文台和贵州省共同建造，并已举行了工程奠基典礼。不久的将来，村庄之上将建起一口口径500米、接收面积相当于30个足球场大的"大锅"。然而，在此生活了一辈子的杨朝民等乡亲为了国家的利益，即将搬迁到镇上居住。故土难舍，杨朝民岂能不对这片土地流露出依恋之情？

然而谈到大射电，杨朝民也兴奋不已："大射电望远镜让'大窝凼'

名声在外，传遍世界。"骄傲和自豪在言谈举止间流露出来。

杨朝民说，自己自从看守大射电望远镜项目临时办公房以来，平时与科学家和工程技术人员接触多了，耳濡目染，了解到许多大射电望远镜的知识，有村民来访时，他就着展示板介绍起来，亦头头是道。

不知不觉间，我们走进了村庄。此时正是花开的季节，屋前屋后李子花、苹果花竞相开放，空气中弥漫着花香。

跟随杨朝民的脚步，我们来到一栋瓦房前。瓦房起在高高的地基上，两层楼，每层有四间房，全部用木板装好了门。大门两边贴有对联，上联是"家进八方富贵财"，下联是"门迎四季平安福"，横批是"吉星高照"，这副对联是印刷品，春节时买了贴上去的。大门下是九级的石阶。杨朝民说，这就是他家。

还未进家，他提了一个小小的要求，要我为他照一张与老屋的合影，留作永久的纪念。

我叫他站在石阶下，镜头框下整栋瓦房，以及左边廊檐下的一堆柴、两只公鸡，右边屋檐下的接收电视信号的"天锅"。"咔嚓"摁下快门，他与老屋一起定格在画面上，也定格在这细雨蒙蒙的初夏时节。

接着，他领着我们在村里走走看看，边述说这里地理条件的优越，边述说"大窝凼"的人杰地灵，说村里走出了1个大学生、1个专科生、2个中专生和4个高中生。

来到屋后祖先杨宗财的墓碑前，杨朝民向我们述说了家族史。

他家祖籍在江西，祖先从江西搬到贵州，几经辗转周折，最后定居在"大窝凼"，至今已有170余年了，现已发展到12户62人。此处山高林密，交通闭塞，常有野兽出没，非人安居之地，而祖先偏偏选择在这里定居，其实是为了躲避当时朝廷多如牛毛的苛捐杂税和土匪的侵扰。

老人的话，既诠释了一个家族的历史，又诠释了一个村落的历史。杨朝民作为芸芸众生中的一员，记住祖先的话，记住自己生命的根脉，然后再代代相传下去，可以说，这也是一种独特的"非物质文化遗产"。

"我们搬家,祖先也要'搬家'啊!"杨朝民语气凝重,神情有些沮丧。他说,政府以人为本,已把祖坟列入搬迁范围,并给予了一定的搬迁经费。他将为祖先寻找一块风水宝地,让祖先好好安身。

"社会改革看大射电已定此方,难道说来年可观星相应;科学发展把天文台安到这里,莫非是今朝能望月团圆。"来到杨朝民堂孙杨佑富的家里,我发现了这副已褪色的对联。

毫无疑问,这既是一副婚联,也是一副赞美大射电望远镜的对联,尽管平仄对仗欠佳。

进入杨佑富家落座之后,一问,的确是婚联,是杨佑富 2008 年 6 月结婚时请人书写的。

说话之余,一年轻女子端茶上来,说话的口音是外地的。

杨朝民忙介绍说这是杨佑富的媳妇李翠翠,安徽阜阳人氏。

2002 年,杨佑富大专毕业后到浙江省宁波市一服装加工企业打工,与同在一个车间打工的李翠翠相识并产生感情,然后恋爱、结婚、生子,如今孩子已一岁半了。

"你丈夫家居住在大山深处,环境这么恶劣,你作为大城市的姑娘,嫁给他后悔吗?"我问李翠翠。

"我不后悔,我看中的是他的人品,是他的诚实。当初我们谈恋爱时,他一五一十把家里的情况跟我说了的。"李翠翠答道。

"在我们'大窝凼',外来的媳妇有七八个呢!有安徽的,有凯里的,有罗甸的，有通州的。"杨朝民插话道。

在杨佑富家，大家与村民闲聊时，话题大多围绕大射电望远镜和搬迁展开。

杨朝民等村民对大射电望远镜落户村寨上空无比喜悦，都说这不光是全寨人的喜事，更是国家的大事和盛事，会积极支持。

他介绍说，2008年12月26日，大射电工程奠基典礼结束后，随着项目的步伐加快，政府已为"大窝凼"组村民在克度镇上修建了房屋，要求11月底前全寨搬迁结束。目前，在外地打工的21名年轻人已有18人得到通知，回到家里等待搬家。

"大射电望远镜建成后为我们带来的社会效益和经济效益不可估量，我们村的各种设施条件将会得到极大改善，还会吸引来自世界各地的天文爱好者和游客，我们要以最大的热情和周到的服务支持大射电望远镜早日建成。"一旁的金科村支书唐大方补充道。

中午，我们与杨朝民等部分村民一起吃饭、喝酒、聊天，气氛融洽。饭后，老人提议拍一张合照。

于是，大家纷纷汇集到房屋前面，留下了一张珍贵的照片。

合影后，我们踏上归程。沿着山路向上攀登，行至垭口，回望窝凼人家，灿烂的阳光下，它美丽依旧。那时，我心想，这美丽即将消失，将被被称为"中国天眼"的另一种美丽所代替。到那时，此处将科学家云集，通过"天眼"进行天文观测，探寻第一代诞生的天体和地外文明；

也将游客云集,争睹"天眼"的风采,探寻"大窝凼"的神秘……

第二次采访是时隔 9 年之后的 2018 年 7 月 9 日,地点是克度镇上杨朝民的新家。

杨朝民的新家是一栋崭新的楼房,是用"大窝凼"的补偿款修建的,占地面积三百多平方米。一楼作为门面,二楼住宿,摆有电视、沙发、洗衣机等家电,与城里人的家一样。

当时,杨朝民已七十二岁,但身体硬朗,说话时中气还很足。到了他家落座后,我说明来意,老人很乐意接受采访,并认出了我。采访的话题是围绕着搬迁到镇上后的生活情况展开的。

"你是哪一年搬到镇上的?"我问。

"2009 年 10 月中旬,镇里干部入户动员我们,组织车辆搬运物资,搬迁费用全部由政府出……"

对于搬迁,杨朝民记忆犹新。在他的回忆中,我仿佛看到了那紧张而繁忙的搬迁场面:"响应国家号召,移民搬迁光荣"的横幅鲜红;小路上,人挑马驮;村庄里,村民到处捕捉家禽……

他说,搬迁前一晚,自己一夜没有睡着,大清早就起床,到井边走走,到山脚的祖坟看看,绕着要拆迁的老房子走了好几圈,心中有说不出的眷恋。搬家的人来了以后,他在一旁看着人们将大包小包的东西捆在马背上,扛在肩上,从凼底向凼外爬去,他也随着搬家的人群离开生活了 63 年的故土,一步一回头地走出"大窝凼",走进镇上的新居。他从来没想到自家会有搬迁的一天，也从未预料到自己会和"FAST"这个陌生的词产生联系。

2011年1月23日，FAST工程举行开挖仪式。2011年3月初，中国科学院和贵州省人民政府联合批复FAST项目开工报告，FAST工程正式进入建设阶段，全国近两百家企业、大专院校、科研院所的五千多人直接参与工程建设；经过5年半的施工，于2016年9月25日竣工，并举行落成启用仪式。

"祖先的墓迁了吗？"我问。

"在搬家之前就迁到克度镇后的一座坡上了。"他答。

"住到了镇上，没有了土地耕种，你习惯吗？"

"说心里话，刚搬到镇上的那年，真的很不习惯，总觉得一天到晚都没有事情干。现在感觉好多了，每天在家看护孙子，与镇上老人们聊聊天，生活很幸福的！"

"你孩子靠什么为生啊？"

"你看，我楼房的一楼就是儿子杨天信开的店铺——'邓禄普轮胎'专卖店。"

聊到儿子杨天信，杨朝民的话闸子打开了。

儿子杨天信和儿媳舒德美都是地地道道的农民。在"大窝凼"居住时，生活就是养鸡、喂猪、种庄稼，日出而作，日落而息。搬到镇上后，镇里领导担心村民们"闲着没事干"，就给他们找事做，杨天信被安排到

"大窝凼"修建FAST基站。之后,他又被安排到当地的警务室工作了一年。儿媳舒德美则到处打零工,夫妻俩这点零星的工资根本无法承担整个家庭的开支。

手里拿着补偿款,杨天信心里开始琢磨,一定要用这点"家产"走出自己的一条创业路。他发现,随着FAST声名远扬,来克度镇看中国天眼的人越来越多,车子也越来越多,于是便决定用二十多万拆迁补偿款在镇上的前进村买下地基,后又花了七十多万建了现在这栋房子,楼上自己住,又花了15万元在楼下开起了汽车轮胎专卖店,兼营补胎、四轮定位等业务,开始了自己的创业路。

为了掌握汽车更换轮胎技术,杨天信除了花费1800元请来师傅指导外,一有空自己就钻到汽车底下,对各种汽车轮胎的设计和安装,甚至对一颗螺丝,都要认真细致地了解。经过努力,杨天信掌握了汽车轮胎更换的相关技术,儿媳舒德美也可以独立管理店铺,帮助客户装卸轮胎、补胎等,收入越来越高。

聊着儿子的事业,杨朝民滔滔不绝、神采飞扬……

"杨公,还记得这张照片吗?"我拿出2009年第一次采访时我为杨朝民拍摄的与老房子的合影,当年洗好后就已托人带给了他,采访前我又特意找出来翻拍在手机里。

杨朝民接过手机,眼睛盯着屏幕的同时,右手也抚摸着屏幕,眼里噙满泪花,口里喃喃自语……

杨朝民还告诉我,"中国天眼"建成后,项目部专门邀请原在"大窝凼"居住的村民重返"大窝凼",参观"中国天眼"。那一天他也去了,看到原来的家园建成了巨型"天锅",他激动不已,离开时,他站在"天锅"边上依依不舍,久久不愿离去……

如今,故人已逝,音容宛在,谨以此文纪念之!

一簇向阳花

金玉斌

1

清风徐来，向阳花开。金色的阳光洒向大地，一簇向阳花迎着耀眼的光芒，绽放出美丽的花容。

我想从一张合影照说起：在平塘县会展中心门口的台阶上，两面醒目耀眼的红旗下，"平塘县FAST国际天文峰会党员干部先锋服务队""出征"前，在这里照了一张合影。

以下几段话是来自2016年3月8日中共平塘县委组织部发出的《让党旗在FAST项目建设大地上高高飘扬——关于动员党员干部报名参与FAST国际天文峰会筹备工作的倡议书》。

"从选址正式确定到项目即将竣工，FAST——国家九大科技基础设施项目之一，黔南人民比世

一簇向阳花

人更加期盼了整整十年。

自筹备工作开始，各级党组织积极支持，党员干部踊跃参与，发挥着先锋模范作用。在平塘克度航龙这片 FAST 建设热土上，涌现出一个个生动感人的事迹，谱写了一曲曲先锋服务的赞歌，展示了新时代共产党员的崇高使命和形象风采。

2016 年 8 月，FAST 要举办国际天文峰会活动，做好各项峰会的筹备工作，是我们肩负的重大责任和神圣使命。号角激越，战鼓犹酣，决胜在即，时不我待！

大力弘扬追赶、领先、跨越的 FAST 精神，只争朝夕，奋发有为，全力以赴，以最良好的精神风貌、最饱满的工作热情、最昂扬的革命斗志、最出色的工作成绩，扎扎实实做好 FAST 天文峰会各项筹备工作。

让我们成为 FAST 精神的弘扬者、实践者，成为 FAST 国际天文峰会筹备工作的推动者，用实际行动，用心智和汗水，展示党员风采，树立先锋形象，为党旗增辉，为 FAST 添彩！

2

时光，掩不住倾情的容颜；岁月，道不尽英雄的故事。人们赞美向日葵，是因为它吸取了太阳的光辉。

谁曾想到，一个深藏在黔南大山里的"大窝凼"，会被建设成为"中国天眼"（FAST）。人们更不敢想象，那可望而不可及的国际天文峰会，将要在这里召开！

FAST 不断吸引着世人的眼球，在令世人瞩目惊叹的同时，一簇鲜艳的向阳花也在"中国天眼"旁悄然耀眼地盛开。

《光耀玉水清莲起，日映金盆别样红》《阳骄雨润日新晴，愿作葵花向日倾》分别是陈正平队长代表平塘县 FAST 国际天文峰会党员干部先锋服务队作的临行誓言和事迹汇报。字里行间表明了他们"要做向阳花，做好向阳花"的决心与信念，更是他们创造性开展工作和追寻"阳光雨露"生活体验的真实写照。

笔者采访陈正平队长及其队友时，敬佩又好奇地问及这两篇用创造性诗文展示服务队工作魅力的思路来源,他们莞尔一笑,谦虚地说:"都是赶鸭子上架,移花接木罢了。"以我对他们的熟识程度,我深知这支服务队组建的意义本身就很重大,其人员组成可以说是"优中选优,最佳组合",在工作中大家也是"八仙过海,各显神通"。

陈队长说,这支党员干部先锋服务队一成立,队员就被房拆、土征、文化园等各个组抢去了大半,剩余队员主要负责迁坟工作。且不说多数女生在荒山野岭、荆棘丛林中会因爬坡上坎而紧张害怕,活人面对坟茔墓碑时也会敬畏和害怕,但是队员们克服了内心的惶恐,通过卫星定位、实地标注、测绘上图、签字确认,共完成迁坟工作1300多组。

这些墓冢,有的有主,有的无主。坟有主的,主人家常常有意见,纠纷不断,服务队要做好调解;坟无主的,村民见有利可图,会争着认下,服务队要公告、走访做确认。这些坟茔,有的修得气派豪华,主人家对微薄的赔偿标准根本不屑一顾,不愿签字;有的则隐藏在荒草丛中,有时转了几个来回,连主人家自己都无法辨认位置在哪儿,服务队只好砍光荆棘,常弄得手上和脸上遍布伤痕。有的坟的主人家因举家迁居外地,服务队要想方设法联系他们,与之协商;有的坟因埋藏着家族祖宗,族亲怕破坏风水,不愿迁动,这时就需要服务队集思广益、群策群力,妥善周全地解决问题。这支服务队是真不简单,像向阳花般,让我同搬迁群众一道感受到了阳光与温暖。

"世上但凡伟大的事物,往往伟大的不是体格,而是格局,是精神。"陈队长是个有点壮实但不算胖的女士,见人总是一副面带微笑的神情,似乎她精神世界的天空从来没有飘过愁云,她现实世界的天空从未有过阴雨。她用坚持、真诚和善良谱写自己和服务队的胜利乐章,她用坚强、自信和快乐成就自己和服务队的辉煌。向阳花不就是这样生长的吗?我们总能从她的神情里体会到温暖的阳光,也总能在风雨或骄阳里看到她忙碌的身影。

临行誓言中,陈队长以"莫道五月芳菲尽,阳骄雨润日新晴。虽无柳絮因风起,却有金葵向日倾"这恰如其分的句子开篇,令我这个常以读书、写作为傲的人自叹不如。当时,我感觉自己本来在一个糊涂的世

一簇向阳花

界里闲逛着,一切似乎都是灰白的颜色,突然眼前划过一抹金黄,在这毒辣的太阳和豆大的雨珠共存的夏天,向阳花竟开得这般鲜艳璀璨。记忆深处的那片向阳花田,在湛蓝的天空下,金灿灿的花盘迎着万丈朝阳绽放笑颜,修长的茎干和青翠的叶子随风摇摆,是那么的无拘无束,是那么的生机勃勃。

3

  人生,需要结伴同行。藤蔓攀缘大树而靠近阳光,大海借助狂风而汹涌澎湃。没有雨的浇灌,草木只能枯萎成一片焦黄;没有风的送行,帆船只能停泊在寂寞的港湾。

  曾几何时,一群年龄最大的已五十三岁,年龄最小的只有二十三岁,80%以上是女性,长期习惯在机关单位办公室工作的"平塘县FAST国际天文峰会党员干部先锋服务队",为FAST(中国天眼)的胜利竣工,为FAST国际天文峰会将在"航龙湾天文小镇"的胜利召开,积极申请、主动报名加入一线工作。

  有人说,向阳花是光的缩影,是坚韧的代表,是心灵的辉映。她们这群党员干部先锋服务队队员,从一开始,便选择了要做一粒向阳花籽,但要开成一簇什么样的花,只有她们自己心里最清楚:要像向阳花那般,追寻着阳光的足迹,走一条鲜艳耀眼的追求信仰之路。

白天，她们深入田间地头、村舍院落和荒山野岭，开展调查走访、测绘登记工作。晚上，她们趁群众收工回家，挨家逐户，不厌其烦，反复讲解FAST（中国天眼）这一国家重大科技项目建设的重大深远意义，反复讲解国家时事政策和建设征地赔偿的相关标准。

现实中的向阳花总是迎着太阳，使人觉得心里暖洋洋的，比梵高画中的那簇向阳花更充满着生机。党员干部先锋服务队队员们热情似火，笑容灿烂，让人不自觉地去喜欢他们。他们一边向被征群众核实测绘数据，一边了解被征群众的家庭情况和实际困难，工作起来没有双休日，更没有节假日。她们对其中的建档立卡户、受灾户、重病户、困难党员、军烈属、留守儿童、高校就读等特殊家庭，做到底数摸得清、眷顾有倾斜。他们白天走村串寨，穿梭在田间地头，甚至是攀山越岭调查、测绘地界数据，晚上一脸汗都顾不上擦地洗一下，又接着去走访困难群众，把党和政府的温暖送到学校、社区、村寨和家庭。

她们的服务像一缕春风，轻轻地拂过群众心坎；他们的服务像一泓清泉，静静地流淌在群众心田。

为了避免相邻地块间的群众发生纠纷，她们不得不采取暗中取证的办法。在白天的调查走访中，若是发现有相邻地界认定意见不一致，或知情群众对某宗地上的附着物数量、特性表述差距较大时，她们就不得不趁夜在该地被征迁户主签字确认前，亲自跑到有争议的地块拍摄取证或做专属标记，以防后面起纠纷。这就是向阳花本有的姿态，温暖而不失勇气，绚丽而带几分壮阔。

我印象最深刻的一幕，莫过于队员李建玲提供的一组服务队的工作照：有穿着水桶鞋，趁夜打着手电筒，蹲在田边地角偷偷记录或标记的影像轮廓；有衣物上满是各色"粘人草"，或顶烈日，或冒雷雨，穿梭行进在荒草丛林中的特殊背影；有坟地边、墓碑旁，队员们或蹲或站，嚼干粮、仰头喝水，满是荆棘划伤印痕的脸却正笑得灿烂；有在乱石嶙峋、光溜湿滑、崎岖狭窄的羊肠小道上，一群"冒险家"正汗流浃背地牵拉推引着互相帮忙；有在蒸笼般的临时木板房内，无谓男女、困不择地午休的狼狈相；等等。

"桃李不言，下自成蹊。"到了向阳花盛开之季，只要有暖风吹过，相信总会留下一抹淡淡的温馨而素雅的花香。我想，生命的意义就是对本色的渴求与满怀崇敬的追寻吧！

他们不分昼夜、夜以继日地忘我工作，仅用短短三个月时间就超额完成"航龙湾天文小镇建设"的测绘、迁坟、拆迁等一系列筹备工作，做通、做好了征占地群众的思想动员工作。

当最后一层冰融化，所有接收到向阳花信号的搬迁群众同样会报以绽开的笑脸，共同享受着阳光。从此遍野山坡，他们以温暖的笑脸，以让人感知光明的声音，以让人从花蕊间发觉春光春风的所在，使整个世界全然变成了蝶恋花般温暖的春天。

4

就像向阳花追寻太阳一样，人总是追求崇高与完美。美丽的花努力开在辛勤的枝头上，人们只惊羡她现实的明艳，然而当初她的芽儿，却浸透了奋斗的泪水，洒满了冰冷的雪雨。队员们在似水流年的青春中绽放为一朵又一朵美丽的向阳花，背后少不了辛苦汗水与委屈泪水的伴随。

为了写好这一簇向阳花，写好这支党员干部先锋服务队，我无数次怀揣着心中的感动，走向中国天眼，走向航龙，走进那些孕育了向阳花精神的天眼背后的故事。

故地重游，杂草丛生中，向阳花狠狠抓住脚下的泥土，把身子尽量向内弯曲着，牢牢地依附贫瘠的小山坡。走近一看，十几株向阳花在风中摇曳，鲜艳的花瓣上挂着晶莹的露珠。她们昨夜被风雨吹得东倒西歪，今朝依然挺直身板。想起在这里工作和生活的党员干部先锋服务队，他

们不是也如此淳朴地忘我工作和奋斗着吗?

"陆大姐和陈队长是这支党员干部先锋服务队的老兵。他们从建队到收队,自始至终坚持不懈。陈队长总是一副满不在乎的神情,陆大姐总是会用轻松幽默的语言帮助大家解乏提神,更重要的是教会我们学会忘却私痛、乐观奉献。"

"谁家都有一本难念的经。我们的家人、朋友虽说都很支持我们,但家庭实际困难和偶尔抱怨还是免不了的。"

"其实陆大姐最辛苦、最委屈。快退休的人了,还时常被派遣做些应该年轻人来做的事。比如经常被派到天眼核心区服务慰问科学家、院士,而一进去就会暂时与家人和同事失去联系,她却总是乐于接受。"

"我们住的临时木板房,要么经常断饮用水,要么经常雨水进屋。陈队长和陆大姐总是默默挑桶去几公里外抬水来用,再默默清扫进屋的污水。我们也学着默默地做,经常做着做着互相不说话,然后突然忍不住爆笑起来。大家虽累,但也开心极了!"

这是在聚餐吃饭集中采访时,从他们这群如向阳花般阳光、充满正能量的党员干部先锋服务队队员嘴里听到的话。

5

人生是一个在苦难中不断雕塑自我的过程。舍小家,顾大家,那是向阳花的泪点。但正是心中的无私无畏,才让她们总是保持着微笑吧!

虽然常年经受风吹雨打,还会被家人埋怨,但他们却以一种乐观的态度充实地工作和生活。从树叶缝隙中透出的一缕阳光,是向阳花坚强的力量;漫天的雨水,是向阳花不愿枯萎的理由。即使泪水模糊了光的身影,即使风雨吹打了花的身姿,向阳花总以自己独有的姿态,不惧艰难地追寻着太阳的光辉。即使被荆棘划伤了笑脸,他们依旧乐观前行,顽强地走在泥泞的路上。

时光荏苒,如今的"航龙湾"已被国际天文小镇设计师与建筑师以精妙绝伦的杰作覆盖,昔日的无名村寨也被切割成了一个个与天文有关的景点。但其中最美的一道风景,就是默默为此付出汗水和泪水的人们。

"中国天眼"旁这簇花丛散发出的暖心香味,是每朵花都以自己的努力去共鸣的结果。这支当初中共县委倡议组建的党员干部先锋服务队共有十二人,他们通过自己的行为影响并招募了当地的志愿者加入,使这支服务队伍发展壮大到了近百人,受到中共平塘县委、县人民政府的嘉奖,并号召全县党员干部向他们学习。

向阳花开,为的是朝着太阳的方向生长。他们是一粒粒饱满的花籽,因为坚定了信念,所以乐观向上且勇往直前,因为不畏艰难,所以绚丽缤纷,鲜艳而耀眼地盛开在中国天眼旁。

总算交了一份满意的答卷

徐必常　陆光秀

1

罗艳民是在 2018 年 3 月 17 日下午接到任务的。那天早上,"平塘县天眼景区观景台应急抢险通道建设项目"领导小组召开专题会议,明确工程从 3 月 18 日启动,必须在 5 月 31 日前完工。

工期只有 75 天,建设道路全长 1470 米,路基宽 4 米,有效路面 2.5 米。项目建设的目的只有一个:有效应对突发情况。

"观景台应急抢险通道建设项目"的建设方案已经通过几个轮次的专家论证。中共平塘县委县政府高度重视该项目建设,自 2017 年 12 月下旬以来多次召开专题会议,安排有关工作。2018 年 3 月初,县里决定启动项目建设。经过半个月的招投标程序,最终安徽省合通交通工程有限公司(现安徽省合通建工集团有限公司)中标,项

群星璀璨——中国天眼背后的人们

目建设方为贵州平塘三天旅游发展有限责任公司。

平塘县算得上是拥有货真价实的旅游资源：旅客们来这里，既能看山，又能看水；既能看奇石；又能看溶洞；既能看林木；又能闻花草香；既能看古老的民间建筑；又能领略多彩的民族风情，还能品尝多民族的风味美食……

不过，在中国天眼未建成之前，以上的看点，都一直是"小而散"的状态。

在谈到平塘县的旅游发展时，平塘县老百姓常常会这样说："中国天眼是'1'，其他的景致全都是'0'。如果'1'不存在，后面的'0'都没有意义。"中共平塘县委县政府更是紧抓中国天眼这头"大牛"不放，不过要抓住"大牛",首先得抓住安全这个"牛鼻子"。

要抓安全这个"牛鼻子"上,就必须猛抓,于是抓出了"平塘县天眼景区观景台应急抢险通道建设项目"。

为了抓出成效,县里成立了工作专班,明确两名县领导分别担任项目建设领导小组组长、副组长,并调整有关同志的分工,使他们能够集中精力专门负责此项工作;同时抽调县交通局一名副局长和贵州平塘三天旅游发展有限责任公司一名副总常驻项目地,现场指导施工,及时解决问题。

罗艳民就是在这样的情况下接受任务的。在此之前,他心里一点准备都没有。当任务实实在在压在他肩上,盘算着工作量和完成时限,他不免有些惶恐:这真是一场硬仗啊!但是肩负重任,他只能下定决心做一回"拼命三郎",并且只能成功,不能失败。

2

罗艳民不是本地人,他是安徽省合通交通工程有限公司副总经理,在接手"观景台应急抢险通道建设项目"后,就成了这个项目的负责人。

罗艳民所在的公司之前对拿下这个项目并没有多大胜算,因为参与招投标的公司很多。在这些公司中,罗艳民知道他们公司不是最强的,

群星璀璨——中国天眼背后的人们

但一些实力强劲的公司中途打了退堂鼓,这项目就落到了他们头上。当一家接一家公司相继退出的时候,罗艳民感到很庆幸。庆幸什么呢?孙子云:"不战而屈人之兵,善之善者也。"还没有竞标就先被吓退了,罗艳民在心里有些瞧不起这些公司,认为别人没有底气,一定是被他们公司吓退的。为此,罗艳民在心里还嘚瑟了一阵子。

不过真正接手项目后,罗艳民就嘚瑟不起来了,他知道自己碰上了硬骨头。仔细盘算后,他才逐渐明白那些打退堂鼓的人,个个都比他聪明,都比他会算计。

确定任务后,罗艳民立即赶往了现场。技术人员已经在现场马不停蹄地干了起来,因为得赶在3月18日天黑之前放好线,放好线后,施工方才能施展手脚。

跟随罗艳民前往的主力是他从安徽带来的施工队。经过长期的磨合和检验,他对这支队伍的战斗力很有信心。

施工队首先要干的活,就是沿着已经放好线的路段把沿途的灌木、杂草给除掉。为了争分夺秒,罗艳民的脚刚落到工地上,就立马安排施工队开干了。

在天眼观景台周边,虽然全是喀斯特地质地貌,但由于当地人世世代代对生态的重视和保护,有着很好的绿色植被。植被多由灌木丛组成,个别地方有不多的乔木。而这灌木丛又多由荆棘和藤蔓组成,在荆棘和藤蔓之下,要么是坡积层,要么是坚硬的石壁。坡积层多由碎石组成,

坡积层的坡度由于有灌木丛盘横交错的根系固定，多半都在60度以上；而石壁处多是刀削斧劈般的山崖，灌木丛的根多长在石缝中。不过这些都是在砍掉灌木和乔木之后才看到的，罗艳民一看到这些，立即就傻了眼。

"开弓没有回头箭"，这活已经揽上，罗艳民想，他要是违约，违约金也承受得起，但他在业内从此就没了脸。没了脸还是小事，公司的声誉就会全赔在这项目上。

还不光是这些。他如果退却，或者没干好，就辜负了投资方的信任，辜负了项目建设领导小组的重托，更辜负了往后来天眼观景台观光的客人。这客人中，或许就有他的朋友、老乡、亲戚，甚至儿孙。

罗艳民从随身带着的包里取出施工图，对照着眼下这山岭、丛林看了又看，眼前除了天眼观景台和通往观景台的观光车道，就没有别的设施了，绵延起伏的坡地和植被就像一张展开的翠绿色的大纸。他和他的队伍，要在这翠绿色的大纸上修建出一条之前没有的路来。他咬咬牙，从一个施工人员手中接过刀斧,决定亲自上阵,去和灌木丛较劲。其他施工人员也没有闲着,立马投入工作。

在罗艳民的带领下,那天的拓荒开展得很顺利,不到一个下午,拓荒就推进了两百来米。

3

平塘县克度镇一带,差不多从每年的三月就进入雨季了。罗艳民的工程队进入施工现场第二天,天空就开始下起了雨。雨虽然不大,却淅淅沥沥地不停下,让人心烦。工期紧,施工现场又多是陡坡,植被还很茂密,而且根据业主方的要求,在施工过程中要尽量减少对植被的破坏——喀斯特地区要长出一根草都不容易。

保护绿水青山,爱惜一草一木,这个他懂。但是减少植被破坏要到什么程度呢?业主方要求他们在设计的道路之外,力求做到秋毫不犯,哪怕是一根藤子,能挪开的就挪开。

这事说起来容易,做起来却不容易,路基全是土石方工程,具体到这条道上,几乎就是石方工程。路基的施工方案是,沿着路基的中线,开挖上部的土石方,回填下面的部位。这样的施工方案,要是放在其他施工环境是省时省力的活,差不多就是实施几次打眼爆破,再上去几辆挖掘机和装卸的机械,就能做到事半功倍了。然而在这里偏偏行不通,

总算交了一份满意的答卷

项目建设领导小组有明确指示：因为地处景区，从早上八点到下午六点这个时间段，既不能打眼爆破，也不能进行机械施工。这个指示背后的含义罗艳民是理解的，这一是确保游客的安全，二是确保景区有一个良好的旅游环境。

为了这"两个确保"，罗艳民决定"多上人、少上设备"，尽量不实施爆破。

"上人"这事也得有个讲究，如果规划不好，就会增加成本。为了规划好"多上人"的方案，2018年3月17日，罗艳民会同现场施工管理人员一起，连夜沿着几乎连路都没有的陡坡和绝壁，对照着施工图行进。那一夜，他们攀爬在灌木丛中，用了差不多四个小时才走完了在图纸上标注的1470米道路。

走这么一趟，罗艳民心中就有了谱。他决定把这条道路分成5段，由5个施工组承接。把这段路分成5个施工组，除了为了赶工期，还有另一个重要的原因，就是保证通信畅通。因为进入景区施工有一个明文规定：不能携带和使用电子设备，包括手机。这样一来，通信方式就得恢复为最原始的状态——喊。通过嘴巴传递信息，范围当然极为有限，为了不让工程窝工，也为了能有效地指挥，把整个作业路段分为5段，应该是合理的分配。罗艳民暗暗为自己的决定"点赞"。

为了验证这样的分配是否合理，就在当晚，罗艳民让陪同他的人站在不同的路段上，他从一头开始喊，但结果是听不清，就连离他最近路段上的人都听不清楚。于是他又移步到他所站的路段的中央，这下发出喊声时，下一路段的人听得清了。通过这样的试验，罗艳民得出一个结论：声音在路段上的传播距离应该是小于 300 米的。

但这是在万籁俱寂的夜晚，要是在白天，受到旅游及其他人为活动的干扰，这个距离就得更短。

罗艳民得出这样的结论后，现场就会同施工管理人员划出了各路段的边界，也规划好了各路段要上的人员数，等到天明，大家齐上阵，立志要拿下这被别的公司放弃的"硬骨头"。

雨不停地下，人不断地上，这是 2018 年 3 月 18 日"观景后应急抢险通道建设项目"建设现场的场景。上工的人自然是分成了 5 组，每组负责搬运两台小功率柴油空压机和三台凿岩机，有一台凿岩机是作备用的。柴油也是硬背上去的，柴油是空压机的"粮食"，要做到兵马未动，粮草先行。

各路段上工的人又分成三路：一路负责平整合适的场地，安装空压机和修建临时供水池；一路负责在道路的外侧连线开挖地基，以便取出石头后砌护坡和堡坎；一路负责把水泥和沙石用人背马驮的方式弄上来、堆放好，工程一旦需要，随手可取。

空压机在当天下午 5 点之前已准时安装好了，就等游客退场后进行调试。当天，游客刚刚退场，调试工作已经准备就绪，罗艳民却接到领导小组办公室通知，往后三天不能启用机械，因为天眼进入了观测时段。

总算交了一份满意的答卷

罗艳民有点傻眼了。雨稀稀拉拉在下,三月的雨寒气很重,虽是身着雨衣,由于身上的力气使不出来,就感觉特别冷。

多年从事施工管理的罗艳民知道,面对这种特殊情况,只有充分调动人的力气,士气才不会受挫。他提起一根撬棍,让各组把除了挖地基以外的人召集起来,沿着放样的路线,找能够用得上力气的地方。这一找,能够用得上力气的地方还真不少。比如还没有砍掉的杂草和灌木,比如沿途能够搬得动的石头,以及挖得开的土。

"我们的祖先在华山凿壁修栈道,乌江两岸挖出来的纤夫索道,不都是在没有空压机、凿岩机、炸药的情况下弄成的吗?"罗艳民暗想,万事开头难,办法总比困难多,他只要把这个头一开,接下来的难事就自然不再是事了。

4

空压机是2018年3月22日凌晨调试好的,接下来凿岩工就在选定的岩石上打眼,把预定要打的眼打好后,现场实施的是静态爆破。爆破作业是在清晨6点完成的,人们没有听到一点声响,岩石就悄无声息地裂开了。

白天的施工现场是一条由人组成的"长龙",有人负责砌,有人负责挖,有人负责搬运。白天的工人被分成两班,一班从早上7点到中午1

点，一班从中午1点到傍晚7点。余下的时间交给晚班工人，晚班工人负责凿岩和静态爆破。

2018年3月30日，项目建设领导小组来到现场视察和调研，或者说是来核实进度。因为此前一天晚上，罗艳民已向项目建设领导小组现场负责人汇报："已经抢通毛路。"

现场负责人认真地问："用了多长时间？"

罗艳民兴奋地回答："满打满算12天。"

现场负责人立即用电话把这一喜讯汇报给领导小组组长和副组长。

组长在电话那头说："好，我们明天去现场看看。"

现场负责人问："要来哪些人？"

组长在电话那头说："领导小组的成员全部去。"

罗艳民听完双方的对话后立马告辞，他得把这一喜讯传递给现场施工的每一位员工。

罗艳民回到工地，站在工地的一头，大声吼道："明天，县里的领导要来看我们了。"

工地上的人齐声回答："好！"

罗艳民说："我们得把空压机和凿岩机搬出去，把堆放水泥的工棚给搭好。"

工地上的人齐声回答："好！"

于是十台空压机、十五台凿岩机纷纷退场，十五个堆放水泥的工棚列队排在长度1470米的毛路上，在领导们到来之前，全部工棚里堆满了水泥。

接下来的工作是砌堡坎和护坡。砌堡坎和护坡需要大量的石材，虽然山上遍地都是石材，但却不能就地取材。

3月30日中午，项目建设领导小组组长和成员们都到现场来了。他们走在这新劈出来的1470米毛路上，虽是有些吃力，走出了全身的汗，但每个人对这样的工程进度都非常满意。

走完了全程，一行人爬上了瞭望台。瞭望台上春风拂面，罗艳民心里有些得意，但又不好露在脸上。此时组长把他叫到身边，朝他胸部比划了一个猛击的动作，但终归没有击下去，而是把另一只手伸到他后背，拍了几下。

组长说："好样的！就这么干。"

罗艳民掩饰不住内心的得意，回了三个字："必须的。"

领导小组的人一离开，罗艳民转身就回了工地。为了走捷径，他顾不得绕道，直接从坎子上跳了下去。

砌堡坎和护坡的人各自忙碌着，眼下备的材料只够施工队用两天，如果不及时把材料从外面运进来，工程两天后就会停工，而运送材料也必须在游客退场之后。罗艳民在工地上转了一圈，看还有什么缺的，就又走回瞭望台。他得乘坐旅游公司接送游客的摆渡车出去，为工地备料——工程是停不得的。

5

罗艳民冲着第四施工段砌堡坎的工人大发雷霆，还嚷着要扣一天的工资。原因是施工人员为了图施工方便，把靠近放线边上的一棵树给砍了。树是一棵山茶树，不大，约有碗口粗，但罗艳民知道，就这一棵树，少说也要几十或上百年才长得了这么大，施工人员几斧头，就把这积累了几十或上百年的生命给砍断了。

旁边的人劝他，不就一棵树嘛，又没有人数过到底有多少棵树，犯不着发这么大的脾气。可这一劝，更让罗艳民上火："你说得倒是轻松，这是天眼景区，全世界的人都看得见，你一棵我一棵地砍，一公里多的路要被你们糟蹋多少才算完？"大家觉得罗艳民说得有道理，也不好再劝。

施工人员认错认罚，还承诺下不为例，罗艳民才消了气。

总算交了一份满意的答卷

经过这一次，在往后的施工中，再没有谁敢动线外的草木一根毫毛。

施工进度虽是旗开得胜，但接下来却是处于胶着状态。这胶着的原因主要体现在三个方面：

一是时间上的胶着。一眨眼就要到"五一"长假了，在长假期间，工程的进程肯定是要受影响的，工地得从游客的需求和安全出发，白天出工的人不能多，开的工作面也不能多，多了必然影响观瞻。为了不影响工程交付时间，这时间就得往前挤。

二是材料供给上的胶着。在材料备货上，罗艳民虽然做到了万无一失，但施工现场就只有那点场地，是堆不下多少东西的，必须得保证物资及时跟进。

三是施工环节上的胶着。根据工程设计，整个路段为柏油路面。也就是说，除了把堡坎和护坡砌好，还得把毛路的路面整平、碾压牢实，

并在碾压牢实的路面上打上 20 厘米厚的水泥,在经过长达 28 天的水泥保养期后,再把保养好的水泥路面弄糙,最后要在没有下雨的日子里,在弄糙了的水泥路面上铺厚达 10 厘米的搅拌好的沥青。

罗艳民成天为这三个"胶着"急,急得嘴上全是泡,整整两个月都没有消。在最急的时候,他甚至暗地祈求老天爷的保佑。

可天公总是有不作美的时候。就在道路打水泥的时间段,好几天都在下雨,2 人干不了活儿。罗艳民只得用这几天时间做足他能想到的所有准备工作,一旦天空放晴,就大显身手。

天空一放晴,他就带领工人没日没夜地干。工人轮三班,他不轮,实在太困的时候就席地倒下眯一会儿,等体力稍有恢复,又急忙奔走在工地上。这样一弄,还真的赶出了一大截时间。在"五一"长假前几个小时,他们顺利地把全线的水泥基础路面施工完毕。

接下来,他给全线的施工人员同样放了"五一"长假。假期结束后,属于泥水工程的转战其他工地,属于柏油路面施工的全部留了下来。

6

"五一"长假过后,项目建设领导小组的现场负责人来到工地,看到没有几个人,先是不解,问明缘由后,给了罗艳民高度评价:厉害!

前期施工的一些路面可以弄糙了,但这个活儿只能在游客退场后做,

总算交了一份满意的答卷

在游客进场之前两小时停工,原因是施工会产生粉尘。

这个活儿自然不能像大道施工那样上机械,因为路面窄,再加上坡陡弯大,大道上的施工机械根本用不上,罗艳民只能尽量地上人。

但人也不能上得太多,缘由是得在已经达到保养期的路段进行施工。各路段的施工罗艳民都做有台账,他在台账上作了统计,水泥路基的施工进度是一天推进 100 米。

光从数字上来说,整个路段的水泥路基施工也就 15 天,可罗艳民的台账上记录的是 21 天,其中多了一个 3 天、一个 2 天和一个 1 天。他把 21 天的施工期切成三段,按三段的先后次序来上人,这样才能保证不窝工。

弄糙水泥路面可是细活,施工人员得有足够的耐心,那可是用人工一处一处、一线一线打出来的,是施工人员长时间和路面的较量。

整个路段的弄糙用了半个月。也许是老天保佑,弄糙完了路面,天公也很作美,这一作美,柏油路面施工起来就如神助。

5 月 24 日,项目建设领导小组一行人又来到工地。他们还是先到的瞭望台。从瞭望台上往下看,山间就多出了一条黑油油的腰带,腰带上零星有人在劳动。

组长问罗艳民:"工地上的人都在做些什么?"

罗艳民爽朗地回答:"工人们在做一些扫尾工作。"

5 月 31 日,工程顺利通过验收。

在简短而热烈的交工仪式上,主持人让罗艳民谈谈感想。罗艳民从主持人手中接过话筒,内心百感交集,一时竟不知从何说起。

短短两个半月,数百人加班加点,在大山中修筑这条一公里半的路,这样的项目在他的工作历程中,真不算什么大项目,但是,这又是多么重要而又艰难的项目啊!

罗艳民说:"千言万语说不完,在这里只说一句,感谢领导们和项目方的信任,感谢工友们的支持,我们总算在工程期限内,交上了一份还算满意的答卷。"

现场掌声响起,足足响了一分钟。

静默区"不静默"

吴治由

1

我第一次接触中国天眼，是随团去考察采访，那时候"大窝凼"还只是一个工地，一副天地初开的样子。中国天眼建成后的第二年，我以一名游客的身份，带着家人驱车80多公里去中国天眼景区旅游。第三次去则是2019年，作为中国科普作家走进天眼采风，这一次亲密接触过后，我用差不多4年的时间，创作了长诗《中国天眼简史》，由四川民族出版社出版。

这，是怎样的一种缘分！

2022年，与中国天眼有关的人和事迎面又撞了上来。

一次偶然的机会，经朋友介绍，我认识了在天眼平台当电工、专门从事电器检修的杨佑贵。经过一番简单交谈，听到他与中国天眼的故事后，我便决定找个机会采访他。

杨佑贵是土生土长的克度人，中国天眼的所在地不仅是他小时候生活过的村庄和乐园，还是他的族人世代赖以生存的一方天地。他在村里度过了青少年时期，后来建大射电，他们举村外迁，再后来，他高中毕业外出打工，多年后又回到曾经的出生地。

这一次回归，他成了中国天眼的一名电器检修工。

踏着年少时曾无数次用脚步丈量过的这片土地，风里雨里，杨佑贵不停奔走在检修每一台电器设备的路上。这份工作不起眼，甚至有些枯燥，但他心里很清楚，电是天眼的动力，或者说是"血液"，他的每一次行动，哪怕是拧紧一颗螺丝，都与这只探索宇宙奥秘的观天巨眼的正常运行有关。也可以说，他的工作，是在为一系列天文观察和科学研究保驾护航。

正因如此，对于生长于 FAST 所在地的杨佑贵来说，和当年熟悉这里的山水花草树木的飞禽走兽一样，如今再回到这里，他有着别样的感情，面对一个个大大小小的电箱，和电箱里的那些电钮、电容器、电阻器，以及红、黄、蓝、绿各色电线，杨佑贵如数家珍，并且像爱护自己的眼睛一样，精心呵护着这些设备。

2

在中国天眼当电工，是怎样的一种感受？

静默区"不静默"

中国天眼,口径足足 500 米,比 30 个足球场拼在一起还大点儿。每天围绕着这个被称为世界之最的庞然大物,检修各种大大小小的电箱、型号各异的电器设备,从专家们的生活区和工作区,到那 6 座直插云霄的吊塔,再到安放馈源舱的"锅底"……随便想上一想,都让人感到好奇。

所以,当我在克度天文小镇移民新村找到杨佑贵并提出这个问题时,他一时间有些茫然,不知从何说起。

我换了个话题问杨佑贵:你是哪一年去的中国天眼?

杨佑贵脱口就答:2017 年 1 月 1 日。

我又问:为什么选择这天?有什么特别的意义没有?

杨佑贵的回答并没有我想象中的那样"高大上",也不像他家门头春联的"一元复始、万象更新"饱含寓意,而是有些不假思索地说:当时的合同就是这么签的。

"还有就是,中国天眼是 2016 年 9 月 25 日落成,已经试运行一段时间了,里面的物业公司正好招人,我就去递交了申请,参加了面试……"

在进入中国天眼物业公司成为一名电工之前,杨佑贵不曾干过类似的工作。他也不知道是什么样的动机促使了他,当时想的是自己还年轻,常年在外奔波打工,吃的苦已经不少,打心眼里想要一份稳定的工作,况且还是在家门口。

杨佑贵 2008 年初就跟着村里的同伴出去打工了,当时他高中毕业没多久。他们先是到了广东,在黄埔和佛山进厂,做鞋子和组装灯具。那个时候，佛山灯具可是占据了全国灯具市场的大部分江山。两年后他又去了浙江，在义乌遍地都是的那种家庭式玩具小作坊制作玩具。2010年春节，杨佑贵回来后就再也没有出去过。

到中国天眼工作之前的6年里，他几乎都在做着一件事——当小商贩卖水果，身上挂一个腰包，拉着货物到处赶场。每天天还没亮，他就开着用打工的积蓄购买的小货车，到三十多公里外的平塘县城批发水果，然后拉到四乡八里的乡场上去卖。无论是天晴还是下雨，他与其他的小商贩像比赛似的，都不回家，将一个事先录制好的小喇叭挂在车上，沿街叫卖。那不断重复的叫卖声有点让人讨厌，连他自己每天收摊回家后，晚上睡觉时耳朵里都充满了"各种水果，价格优惠，新鲜得无与伦比，甜得像初恋……"。

在生活的奔波和世事打磨中，杨佑贵从一个毛头小伙儿长成了老成持重的中青年。兜兜转转刚好快10年，"十年磨一剑"，而磨好的这把"剑"，幸运地被中国天眼物业公司选中，用在了电器检修上。

用杨佑贵父亲略带调侃的话说，到中国天眼去工作，杨佑贵纯属"走了好运，要是再去晚一点儿，人家就招满了"。

对于父亲的说法，杨佑贵不反对，但也不怎么认同。他说，当时报名的人挺多的，但被刷掉的人也不少。言下之意，他还是其中的佼佼者。

不管是意外还是巧合，都是机会的一种，逮住了就是莫大的幸运。更重要的是，得到了机会，还要真的能干出一点事情来。

静默区"不静默"

杨佑贵有着不言自明的自信,自信中也藏着对这份工作的态度。

当然,因为入职前他从事的都是些与电工八竿子打不着的工作,参加入职前的培训时还闹过一些笑话。

杨佑贵回忆,中国天眼物业公司通知他去签订劳动合同时,他就在心里想:物业物业,不就是干打扫卫生、栽花种草,或当保安维护秩序之类的活儿嘛,简单、轻松,根本没必要有什么心理负担。凭我这双手,还怕扫不干净院落里的落叶,擦不掉桌上的污渍?如果是修修补补,无论是水管还是路面,无论是扳手还是锤子,不都是手到擒来的事?如果是做保安,那就更不消说了,坐在大门口的值班室里,按个按钮,门就开了,再按一下,门又自动关上……何等的逍遥加自在!这样的工作,想干不好都难啊!

可当他签了合同,进行入职培训时才暗暗吃了一惊:自己的想法太过天真了,根本不是当初想的那样。在中国天眼搞物业,不是一般的有难度!随合同一起在面前铺开的,除了各项密密麻麻的制度、规定,还有一份保密协议。他真切地感受到,在这里哪怕只是一份打扫卫生的工作,与普通的居民小区比起来,要求不知高了多少个等级。如果还被分配到机械组或电器检修组,那就更……

不巧的是,杨佑贵正式入职后,就被分到了电器检修组。用物业领导的话说,他年轻,性格温和,看起来就是个踏实好学之人,再说过去还在厂里生产过灯具,也算是接触了"电",不放在电器检修工的位置上，可惜了。

杨佑贵第一次发现自己也有畏难的时候，因为他的这次"跨界"太大了。宣布名单时，他脑袋"嗡"的一声响，眼前也有点发黑，天上的阳光、白云看着好像都不是平时的模样了。不过这样的晕眩也只是一刹那，"开弓没有回头箭"，既然来应聘了、选上了，并且在合同上摁下了红手印，硬着头皮也要上。他暗暗一咬牙，对着物业公司领导认真地点了点头，心里想：我就不相信自己学不会、干不好！

3

"刚开始，我很纳闷、很好奇，完全是'中国造'的天眼，小到一个电子元件、一根钢丝，大到一根圈梁钢构和一台机电设备，是不是全都写满了秘密？"杨佑贵说。上岗以后，他就慢慢理解并且适应了。

管理很严格，这是绝对的。中国天眼正式启用运行后，管理越来越严，已经到了不再轻易接受任何以参观、学习、采访为目的进入的申请。保密这个工作原则是坚决不能触犯的。还有就是上班不能带手机，带了也白带，以及工作期间绝对不能喝酒……

我把话题转到杨佑贵是如何从零开始，如何完美地实现"跨界"，成长为电器检修"一把好手"的。

杨佑贵笑笑，回忆起了入门前的一些事。

静默区"不静默"

任何事情都不可能无师自通，电器检修的要求是，你不光要会"检"，还要会动手"修"才行。刚开始时，他搞不清分门别类的开关按钮，不知道各种电箱承载量的大小，不明白大大小小的电容器和电阻器；打开箱盖来，分不清密集分布的红、黄、蓝、绿各色线路代表什么……如果没有人带，或者有人带了但不认真观察学习并反复琢磨，学再久都是落叶入水，浮于表面。

杨佑贵说，带我的师傅就告诉过我，电器检修看起来简单，实则复杂，就像老中医看病，不仅仅是"望闻问切"就行了，还要搭上多年行医问诊的经验才行。电器检修里面的弯弯绕绕多着呢，不仅要懂得"眼观六路，耳听八方"，还要胆大心细和心灵手巧。

他还模仿自己师傅的语气，吊着嗓子强调：千万记住，最最最关键的一点，就是无论怎样，最后的目的都是为了确保安全，除了安全还是安全。只有确保电箱的安全，才能确保用电的安全，也才能保证整个大射电的正常运行和国家天文台科研工作的有序推进！

担心我听不懂，他举了一个例子。

一天下午，师傅带着他去例行检查，开着车从生活区出发前往中国天眼平台，在经过早上已经检修过的第三个吊塔的机房时，师傅突然要求将车停下，并打开车门径直走了出去。当时他还没有明白是怎么回事，只见师傅一边走一边从兜里将绝缘手套掏出来戴上。等他小跑着跟过去时，师傅已经铁青着脸站在了机房里。原来，早上检修完最后一个 10 千伏的电箱离开时，忙于收拾工具的师傅交代他，推闸后记得上锁，结果他给忘了，只推了闸，把锁往锁扣上一挂就走了，没有"哒"的一声把锁推上。路过时师傅想起这事来，觉得不放心，就下车查看，结果印证了他的直觉是对的。为这件事，他不仅挨了一顿严厉的批评，按师傅的要求写了一份保证书，还被师傅"冷处理"了很长一段时间。

他也由此懂得了，自己还是太年轻，不具备严谨认真的精神，别人提醒再多也没用，需要随时自警自省。

杨佑贵说，他从师傅的身上学到的最重要的一招，就是光拜师学艺不行，还得触类旁通和私底下自己"恶补"专业知识。师傅经常在他面前念叨"师傅引进门，修行靠个人"，刚开始他还以为是师傅嫌他不认真，在点化他，后来才发现并不完全是那样，那是师傅在提醒自己要不断学习。

杨佑贵在描述他们的日常工作和生活时说，平时在生活区，忙碌了一天闲下来，几个年轻人就喜欢借着夜色凑到一起，海阔天空地闲聊。这里是中国天眼静默区的中心，既无手机信号，也不可能有往来走动的亲戚朋友，几乎与世隔绝，每天面对的除了大山，就是那几张熟悉得不能再熟悉的面孔，大家往往"相看两相厌"。所以，不闲聊的时候，大部分人要么早早地躺到床上，要么邀约着去打球健身。可有好几次，他在路过图书室时，无意中看到这样的一幕：在那些司空见惯的背影中，居然有一个是自己熟悉的。有一次，他刻意轻手轻脚地走过去，发现师傅正在聚精会神地捧着读一本机电维修方面的书，竟然没发现他从身旁走过。从那次以后，杨佑贵开始自学，读的书目有《高压配电倒闸操作》《电网典型安全生产事故30例》《电工手册》《电力变压器典型故事案例分析》等，他还通过网络下载资料、购买图书等方式来钻研电气设备维修知识和技巧。

"业精于勤，荒于嬉。"杨佑贵深有感触地说，以前他并不能理解什么是"大射电精神"和"南仁东精神"，但经过工作的磨炼，目睹科学家们的一言一行，他们身上的那种严谨、认真、敢啃硬骨头的精神，深深地影响了他。

杨佑贵的话，也让我陷入了沉思。我们的采访谈话，因为是在他家的客厅里进行的，更像是聊着家常。

除开杨佑贵说的这些，我还从他的故事里知道了一件让人惊讶的事情。那就是，他们的工作无论任何时候都必须做到"零差错"！这不仅仅是他们在天眼工作的既定目标，也是工作必须做到的常态化要求。

生活中，我们常说："人非圣贤，孰能无过。"但在中国天眼，每一个人除了要向"圣贤"学习外，还必须让自己成为"圣贤"。而杨佑贵，就用实际行动证明了这一点。

从2017年入职至今，他的工作可以说是无可挑剔，堪称完美。仅一组数据就足以证明：在2021年物业工作中，他全年成功预判重大事故2次，自主排查化解大小险情11次，受到平台表彰3次。他一个人负责的电器检修工作，正确应对率为100%，综合满意率也是100%。在"优秀员工榜上"，杨佑贵长期占据着物业的"季度之星"和"年度之星"。

然而，杨佑贵也告诉我，其实他们的工作，有时候还是会出现一些不可避免的错漏，比如那一次检修后，他没有上锁被师傅发现……每一次错漏，无论大小，教训都太过深刻。虽然他工作至今没有出现大的失误，但并不代表以后就不会有，所以，他要通过自己不断的努力和加倍用心，把一切风险隐患排除，把一切不可预估的风险降到最低。

4

中国天眼设置静默区，是为了加强中国天眼电磁波宁静区环境保护，确保射电望远镜运行环境安全。2016年，黔南州第十三届人大常委会第三十三次会议通过报经省人大批准出台的《黔南布依族苗族自治州500米口径球面射电望远镜电磁波宁静区环境保护条例》，明文规定建立以射电望远镜台址为圆心、半径5公里的区域为电磁波宁静核心区，核心区内已建成的与核心区环境保护和射电望远镜保护无关的建设项目、建筑物、构筑物，均按照规定限期予以拆除或者关闭。

杨佑贵说，他们的生活区就位于静默区的中心，大家在那里工作和生活，每天都重复着前一天做过的事情，没什么新鲜感可言。还有，按照规定，他们离开家去上班，一去五天，在这个时间里，一般没有事不

静默区"不静默"

会再出来。

我问杨佑贵：你们在核心区工作，是不是有什么特殊要求？比如应当减少与外界接触，尤其是和陌生人的接触；平时不能随便说与天眼有关的事情……

他听后看了我一眼，只淡淡地笑了笑，将回答省略了。虽然他没有说，但在我看来，应该两者兼有。

在采访中，我想了

解的问题很多，但能从对方口中了解到的东西终究是少了些。我始终有一个感觉，杨佑贵在中国天眼的工作，很多时候像极了在钢丝上行走，个中滋味不能与人道，整个人像处在"静默区"。

我特别想了解一下他们的日常生活。

杨佑贵说：每天我们 7 点半开始去食堂吃早餐，8 点半开始各就各位；12 点从工作区下来，午餐后休息；下午 2 点半接着上岗，6 点下班，但也要看自己工作的完成情况,有时候会推迟一些,但食堂的门会给你敞开,有时候遇到临时性工作,会一直开到最晚。生活区有练歌厅、健身房、露天球场和游泳池,以及电影放映厅和图书室。这些地方任由你选择,可以邀同事一起前往,但里面的人转去转来就那么几个,时间久了,你会有一种感受,好像生活在一个静默的时空里,只有几个人知道你的存在,外边热气腾腾的世界与你没有任何关系。

可杨佑贵也说,如果你喜欢安静和不被人打扰的生活,那也就无所谓了。

我问他喜欢这样的生活吗,他的回答是肯定的。但在回答之后他作

了一点补充:只要家里没有任何事就可以,如果家里有点什么风吹草动,比如父母和孩子生病,或别的一些什么,还是得赶回来。

我问杨佑贵:在中国天眼"静默"最长的一次有多久?

他说:20天。

我又问:万一家里

有什么突发情况，电话又打不通怎么办？是否有过这样的情况？

杨佑贵说：那也是没有办法的事。两个月前就有过这样的事，当时他父亲急病住院，5天以后他才得到消息，急急忙忙递了请假条，经过层层审批之后出来时，父亲已经快要出院了。为此，他心生愧疚。

不过，杨佑贵也坦言，有时候为了工作，许多事情是顾不来的，尤其是在中国天眼工作。

我由此想到他的两个孩子，一个在读小学，一个尚在幼儿园。他的妻子在克度镇工作，平时也比较忙，顾不过来时，孩子就都交给上了年纪的父母照看。

在采访的最后，两个孩子正好放学归来，跟在爷爷奶奶的身后蹦蹦跳跳地朝我们走来。最后想问的两个问题被我硬生生压了回去。两个问题一个是你喜欢这份工作吗，另一个是你的父母和家人支持你的工作吗。

我想，不用问，也不用他的回答，我已经知道了答案。

我们的家园

雷远方

> 短短几年间,"中国天眼"让身旁的航龙村华丽转身,嬗变为"平塘天文小镇",风光旖旎,魅力无穷,天下闻名。小镇上的居民们付出心血,收获喜悦,实现梦想,日子翻开了新的一页。
>
> ——题记

一

2022年9月11日,平塘天文小镇。

6:20,程为金从自己的三层小楼里出来,借着街边路灯的灯光,穿过宽阔的马路,迈进天幕商业街散步,这时天刚微微亮。

等程为金来到高大的天文时空塔下时,天全放亮了,东山后的太阳将头伸了出来,搭在山顶上,将温柔的光撒向山下的霸王河。

我们的家园

渐渐地,太阳越升越高,光线掠过天文时空塔尖,塔尖上的玻璃反射出刺眼的光芒,不一会儿,笼罩在小镇上空的雾气纷纷飘散。天文小镇上的建筑物也逐渐清晰起来,国际天文体验馆、天眼迎宾馆、时光刻度雕塑、时光之门雕塑等建筑,在阳光下熠熠生辉……

程为金今年七十五岁了,是天文小镇星际家园的住户。早上散步锻炼身体、欣赏家园的美景,是他每天必做的"功课"。

星际家园是天文小镇的重要组成部分,隶属克度镇航龙村。

初秋的阳光下,程为金边走边回忆,眼前浮现出航龙村的旧模样。

1979年至1982年,他任航龙大队大队长兼文书,1982年至1994年、2000年至2005年任村党支部书记,因此,他对航龙村的贫穷、经济落后、交通不便等情况了如指掌。那时尽管自己积极为村里发展努力地忙活着,但对航龙村的未来仍然充满迷茫。

然而,在卸任村支书7年后的2012年,航龙村发生的一切变化,让他猝不及防,用"翻天覆地"来形容一点也不为过。

程为金明白,这一切源于"中国天眼"。

天文小镇向西十余公里,就是"中国天眼"的台址。二十多年前,由中国科学家提出构想,FAST作为中国科学院首批"创新工程重大项目"立项,随后科学家通过对贵州上百个喀斯特洼地进行考察、比对,最后确定落户在克度镇的"大窝凼"。

"中国天眼"正式开工建设的第二年,即2012年,平塘县就将打造

群星璀璨——中国天眼背后的人们

一座现代化天文小镇的设想纳入旅游业发展规划之中,地点就选中了程为金生活的航龙村。随后按照国家5A级旅游景区建设标准,这里先后建造了漩涡星系广场、中轴迎宾广场、FAST访客服务中心、平塘国际天文体验馆等15个项目。2016年9月,依托"中国天眼"建设的国际一流的天文小镇就此诞生。

接着又实施星际家园建设项目,由政府投入巨资,统一规划,建设村民心中最美的别墅。征地拆迁工作(以下简称"征拆工作")共涉及414户,指挥部考虑到过程中肯定会遇到困难,于是就请当时已六十八

岁的程为金出山，参与征拆工作，程为金满口答应。"老将出马，一个顶仨"，加上熟悉全村情况，程为金在征拆工作中发挥了不可低估的作用。调解纠纷多少次，走访村民多少家，参与测量土地面积多少亩，程为金自己都记不清楚了。不过，征拆工作结束后，他先后被中共黔南州委、平塘县委、克度镇党委表彰为"优秀共产党员"，被县里表彰为"筹备'中国天眼'落成启用暨系列活动先进个人"，被克度镇政府评为"最美航龙人""最美村民"。

有程为金的付出，有建设者的努力，经过近三年的建设，占地面积315亩、总建筑面积9万多平方米，具有天文元素的星际家园建成。289栋红屋顶、白墙面，具有独特风情的别墅房赫然呈现在蓝天白云下，与绿水青山、与天文小镇上的建筑融为一体，形成一道楚楚动人的独特风景线。别墅房还配套建设了社区服务中心、幼儿园、公厕、地面停车位等。

2018年，程为金一家与其他200多户人家一起搬入别墅似的楼房居住，心里喜滋滋的。进新房那天，程为金仿佛做梦一般。

程为金共有四个孩子，一男三女。儿子叫程泽林，曾应聘到平湖财政所工作，不久就外出到浙江打工，2009年回乡创业，利用自家的房屋开了间面包店，直到2016年房屋拆迁后才停业。2018年，星际家园建成后，儿子和媳妇开了间"兰林客栈"，同时开了间早餐店，当起了老板，年收入7万多元。

程为金的三个女儿，大女儿嫁到外省，二女儿嫁到外村，只有三女儿程泽燕嫁在本村，也在星际家园分到了一栋三层的楼房。她将房子租给外地老板开餐馆，每年租金有3万～5万元，而夫妻俩则到外省打工，每月每人收入也有5000多元。

孩子们的生活都越过越好了，这让程为金很是欣慰。更让他欣慰的是，孙女已就读贵州黔南科技学院，孙子在都匀读高三，外甥张兵已大学毕业参加工作……

凉风习习中，程为金边走边看，不知不觉间已经来到宽阔的中轴迎宾广场。广场东面是公路，车辆来来往往，一派繁忙；广场西面是FAST访客服务中心，许多访客正在排队等待安检，他们将乘坐摆渡车，从天文小镇出发，前往十多公里外的科普瞭望台，去欣赏"中国天眼"的雄姿……

程为金知道，天文小镇新的一天开始了。

二

2022年9月16日12:30，天文小镇星际家园"天眼龙华亲子民宿"服务大厅内，张思权的手机突然响起。

"喂，你好，请问是哪位？"张思权拿起手机问。

"你好，我是携程客服，请问是张思权先生吗？"电话那头是一个女孩的声音。

"是的,我是张思权,请问有什么事?"

"是这样的,我们携程后台显示您注册的携程账号关闭了,想请问一下是怎么回事?"

……

张思权今年五十七岁,是航龙村人,也是星际家园的居民,曾任航龙村主任、党支部书记,开过养牛场,养殖黄牛四十多头,收入不菲。

张思权思维敏捷,头脑灵活。他想:世界最大的射电望远镜落成启用后,当地旅游业肯定会红火。访客来了,要吃饭、要住宿、要购物,为此,他将目光锁定在开办民宿上。

航龙村拆迁前,张思权有两栋瓦房,星际家园建好还房时他分到了两栋楼,一栋三层,另一栋四层。他决定拿一栋开办民宿,并起名为"天眼龙华亲子民宿"。"龙华"二字,"龙"即为航龙,"华"是张思权的小名。装修前,张思权暗地了解到星际家园准备开办民宿的人家有三十多户,因此他认为在装修上要有自己的特色。

为此,张思权动了一番脑筋,要求装修公司将"天文元素"融入整体设计。一楼为服务大厅,二楼为"天空",三楼为"星空",四楼为"夜空",五楼(后增加的阁楼)为"太空"。除一楼服务大厅墙上画有巨幅"中国天眼"浮雕油画外,2~5楼每层楼的房间内、过道天花板上均画得有星空、星云、宇航员太空遨游等浮雕油画。三十余幅浮雕油画美轮美奂,栩栩如生,均出自克度镇上一个叫杨育明的画家之手。整个民宿装修,张思权共花去了100多万元,光浮雕油画就花了14.7万元。

2018年国庆节,张思权的民宿正式开业,当天就有好多位客人入住。

2019年春节期间,到天文小镇的访客络绎不绝,也让张思权大赚了一把。

一次,在接待访客时,张思权听到他们在议论自己的民宿条件好,却抱怨在网上订不到房间。"一语惊醒梦中人",张思权暗自思量,要将民宿"挂"在网上才行。春节过后,张思权在携程网注册,当天就有好几个外省访客在网上下单,让当时已有五十四岁的张思权感受到了网络的强大与便捷。

之后，张思权的民宿生意越来越好。尽管这几年受到疫情影响，但他的民宿在星际家园众多的民宿中，生意还是比较好的。2022年7月至8月，张思权的民宿收入30多万元，其中，通过携程网、去哪儿网下单的金额达到27万元。

这让张思权做梦都笑出了声。

后鉴于相邻地区疫情严重，张思权就把携程网上的民宿账号关闭了，这才引起了携程网工作人员的注意，打电话询问原因。

电话里，张思权说出了关闭账号的原因和自己的担心，对方建议他及时打开账号。

接完电话，张思权在手机上打开携程网，找到"天眼龙华亲子民宿"账号，点开……不久，"滴滴"两声，手机收到提醒信息，又有访客在网上下单了。

三

"各位访客，请佩戴好口罩，系好安全带，我们的车辆即将出发前往科普瞭望台，去访问'中国天眼'……"

2022年9月8日上午9:00，平塘县天文小镇FAST访客服务中心停车场摆渡车，驾驶员王朝军在提醒访客。

王朝军今年四十七岁，他的家就在 FAST 访客服务中心南面的星际家园，每天步行 5 分钟就能到上班地点。

王朝军从小就有一个梦想：当一名司机，开着大客车到处跑。

王朝军家人口众多，有父母，有四兄弟，有一姐一妹，家庭经济条件较差。他的这个梦想当初也仅仅是埋藏在心里，不敢说出来，怕被人笑话。

不过，有了梦想，就有了努力的方向。1994 年，王朝军初中毕业，经济拮据的家庭无钱再供他读高中、上大学，于是他十六岁就外出打工。1996 年回家务农后，他一心想考驾照。当年，考一个驾照的学费是 2600 元，可家里实在是拿不出，他只好求助于小姑爹。学得驾驶证后，王朝军被人请去当司机，开小货车送货。

几年间，王朝军先后到克度镇水管所、平塘县人事局当驾驶员，后面又为私人开中巴车，跑克度至罗甸、平塘至独山、平塘至都匀等线路。这期间他娶妻生子，修房建屋，但日子仍然过得清苦。

2004 年，王朝军拿出 5000 元积蓄购买了一辆二手小货车，拉猪、牛等上贵阳出售。2009 年又花了 56 000 元购买了一辆货车跑运输，拉沙石、木料、钢筋、水泥等。日子眼看着一天天好起来了。

2013 年，"中国天眼"在如火如荼地建设，平塘天文小镇的拆迁工作也正在进行。王朝军看准商机，用 36 万元购买了一辆大型货车。当时王朝军手里只有 20 万元，通过银行贷款贷了 16 万元。买到大货车后，王朝军早出晚归，运建材、运土方、拉沙石，收入不断增加。到2015年，王朝军还清了购车款，同时还拿出了16万元首付款，在县城购买了一套房，供孩子上学住。

2018年，星际家园建成后，王朝军分到了一栋三层共340平方米的楼房。经与妻子商量后，自己住3楼，1楼、2楼出租给外地人开民宿，每年收租金4.8万元。2021年11月后由妻子经营，改名"乐来客栈"。今年暑假期间，4个房间收入1万多元。

2016年9月，"中国天眼"落成启用，平塘县相继被评为首批中国十大科技旅游基地、国家科普示范基地、全国科普教育基地，旅游业随之"热"起来。在此背景下，贵州平塘三天旅游发展有限责任公司应运而生。

公司成立后要招聘驾驶员，王朝军通过考实操、面试、政审关后，与另外12名驾驶员一道进入公司上班，开的是宇通大客车。

王朝军终于实现了自己儿时的梦想。

王朝军与其他驾驶员每天出车14趟。早上8点开始，把访客从FAST访客服务中心停车场运送到十多公里外的二级访客中心，然后在二级访客中心接下山返回的访客。每天收车后，还要去加油站排队加油。等加好油、吃好饭，回到家已是晚上11点了。

至今，王朝军已工作6年了，工作踏实，服务到位，深得领导的赏识，工资收入也逐渐提高，从原来的每月4500元涨到现在的每月

5400 元。

王朝军的梦想因"中国天眼"翩然而至，让他喜不自胜。

············

"各位访客，再次提醒，请佩戴好口罩，系好安全带，我们的车辆马上出发！"王朝军说完后，点火，关车门，放手刹，起步，车辆驶出停车场，在旅游公路上平稳前行。一路上，满目青山，雾霭飘忽，风光无限……

四

2022 年 9 月 10 日，平塘天文小镇航龙安置区。

6:20，保安曾登购吃完早餐，走出家门，戴上安全帽，骑上家门前的摩托车。随后，摩托车驶出小区，向牛角卡点——"中国天眼"台址的最前沿卡点驶去。此时，天才蒙蒙亮。

1963 年出生的曾登购，今年已经六十岁了，他家原住在克度镇航龙村播进组。播进组在"中国天眼" 5 公里核心区内，属于搬迁范围。2018 年，曾登购与寨上其他住户搬迁到平塘天文小镇临时板房内居住，2020 年才入住风景如画的航龙安置区。安置区背靠翠绿的大山，面对秀美的天文小镇，道路四通八达，宜居宜旅。曾登购家分到的是一栋 4 层小楼，每层建筑面积 120 平方，4 层建筑面积共 480 平方米。入住后，曾登购有感舒心。

虽说曾登购是个地地道道的农民，但在创业方面却是一把好手。

1993年，贵阳一个投资商到播进开办重质碳酸钙粉厂，聘请曾登购当厂长，管理厂子。2000年，老板以6万元的价格将厂转让给曾登购经营。曾登购后又添置了打沙机、货车、铲车等，聘请了10个工人，运输沙石、加工石粉，挣点辛苦钱。2011年，"中国天眼"开始建设，曾登购的产品除了供应"中国天眼"工地外，还卖到周边，4年中收入200多万元。

2015年，"中国天眼"5公里核心区划定后，搬迁涉及他的厂。为了大国重器的建设，曾登购二话没说就把厂子停了下来。虽然价值80多万元的厂最后国家补偿款仅为11万元，但曾登购想得很开：国家利益是大，自己的利益是小，牺牲自己的小利益支援国家建设，理所应当！

在播进组，牺牲自身利益支持国家建设"中国天眼"的，还有曾登购的大儿子曾廷文和侄儿曾廷帮。

2010年，曾廷文购置打砖机、打沙机、大货车，在播进开办了砖厂，年收入16万元。2011年，曾廷帮投资10万元，在播进开办粉沙加工厂，年收入12万元。"中国天眼"5公里核心区划定并实施搬迁后，曾廷文的砖厂和曾廷帮的粉沙加工厂均被永久"叫停"。曾廷文价值60万元的砖厂仅得到补偿款4万元，曾廷帮价值40万元的粉沙加工厂仅得到补偿款2万元。但他俩均以曾登购为榜样，选择了以国家利益为重。

如今，堂兄弟两人都过上了好日子。

曾廷文入住航龙安置区一栋4层楼房，并在安置区对面的克度消防站就业，成为一名消防救援队员，后还担任了第二小组组长，每月工资3000元。

曾廷帮入住星际家园，开了个"天意宾馆"，由妻子龙廷交管理，收入可观。2017年他还到克度镇上开了嘉杰五金制品厂，年收入7万余元。2021年原材料涨价后，厂子停产。2022年，他也应聘到克度消防站，当起了消防救援队员，每月工资3000元。他的女儿大学毕业后在平塘中等职业学校任教，儿子曾永杰在遵义师范学院读大三。

曾登购的厂停办后，曾用国家补偿款发展黑山羊养殖。2016年下半年，他应聘到"中国天眼"牛角卡点当保安。该卡点共有3人，白天2人值守，晚上1人值守。6年来，曾登购恪尽职守，领导称赞多次，他的工资收入由最初的每月2500元涨到了现在的每月3000元。

7:30，曾登购来到牛角卡点，停好摩托，走进岗亭，换上制服，与值夜班的徐兴福交接工作。目睹徐兴福离开后，曾登购站在岗亭里，开始了新一天的值守。

此时，太阳刚刚从对面的山头露脸，金色的光线从山顶射开来，"中国天眼"台址牛角卡点一片灿烂……

作家眼里的别样风景

陆青剑

"我与平塘,有着深厚的缘份。"与著名文化学者、中国报告文学学会副会长王宏甲在一起聊天时,他感慨地说了这句话。从 2003 年第一次到平塘掌布景区考察,到去世界最大射电望远镜台址采访并写出《中国天眼:南仁东传》,再到他任编剧的电视剧《中国天眼》播出,可以说他与平塘的缘份越来越深。

山高水长,这是王宏甲第一次到平塘时对它的最初印象。掌布神奇石头中隐藏着的化石汉字,小河旁边岩壁镶嵌的"石蛋",绕着人的脚不断"亲吻"的小鱼,生机盎然的苍翠藤竹,以及幽深神秘的地下河,在王宏甲看来都是为平塘的旅游画卷而准备的绝佳素材。他在一篇描写平塘的散文中这样感叹:平塘"好像有一只上帝之手,曾经在这里做游戏,捏造了这么多小山峰"。"平塘之行,我仿佛忽然明白了贵州的山是谁造的。青藏高原曾是浅海低陆，在距今约二三百万年前开始大幅度隆起，形成今天的'世界屋脊'。贵州也在那时随之隆起。"

那次去平塘，王宏甲看见石头上有几个字，以为是后期加工的，同行的中国科学院院士却告诉他那是硅化石形成的图案，那些图案随便怎么解读都行，反正都是真实存在的。王宏甲长叹一声，感叹平塘的地质地貌，堪称一部魔幻小说！"在贵州那些高度差别不大的群山之间，曾经有许多海底生物在'山'与'山'之间游弋。是两亿年前海底的自然力量造就了贵州特有的群山。平塘掌布峡谷贵在比较集中地展现了一系列独特的地质奇观。一路行去，我以为可以数得上来的就有奇山、奇石、奇水、奇鱼、奇竹、奇树等。"王宏甲用6个"奇"字概括了他对平塘风貌的理解。

平塘的山川河谷是贵州地理特征的浓缩反映。王宏甲每次来贵州总有疑问：大自然为什么把这么多典型的石灰石山峦集中在贵州，从而让贵州成为"中国唯一没有平原支撑的省份"？这个疑问后来在他深入位于平塘克度"大窝凼"的"中国天眼"台址采访时，似乎终于找到了答案。因为神奇，世界上最大的射电天文望远镜才有可能与平塘结缘。也因为神奇，王宏甲与一个叫南仁东的天文学家才会"结识"，从而走进大山的深处和科学家的内心，让认知在寻访和表达中获得特别的解读方式。

南仁东耗时22年打造的国之重器"中国天眼"，在2016年9月25日以漂亮的造型出现在世人面前。作为项目首席科学家、总工程师的南仁东，负责编订 FAST 科学目标，全面指导 FAST 工程建设，并主持攻克了索疲劳、动光缆等一系列技术难题。"中国天眼"启用一年后的 9 月 15 日，南仁东因病辞世，给天文学界留下了一个经典的传奇。22 年的时光与那个造型优美的"大窝凼"互相陪伴，也与贵州的山水人文相互交织，太多的故事从峰浪汹涌的喀斯特腹地拔地而立，也让人对平塘刮目相看。从无人机拍摄的图片和视频上可以看到，巨大的"中国天眼"静静地卧在苍茫深厚的峰丛之中，它以自己的视角对视苍穹，为喀斯特地貌涂抹了一层韵味十足的科技色彩。但那些色彩描绘出来的美景，作为缔造者的南仁东却再也看不到了。

在南仁东逝世后不久，中共中央宣传部交给王宏甲一个任务，就是以报告文学的形式写一部南仁东的传记。此前王宏甲只知道平塘的大山深处"冒"出了一个天文探测的"巨无霸"，但没想到他会与这个"巨无霸"产生交集。南仁东留着一撮小胡子，整个形象像个农民，但就是这么一个人，却带领团队创造出举世瞩目的奇迹。王宏甲觉得南仁东这个人肯定有很多故事值得去挖掘、去关注、去记述，于是在得到通知的第二天，简单收拾行李后就直奔贵州平塘"大窝凼"，深入那个被层峦叠嶂紧紧包围的地方。

"这是国家交给的任务，不能辜负。"王宏甲说。南仁东生前他没见过，自然无法采访，如何把他写好，他心里没有把握。面对那个未知的世界，王宏甲想，与其写一个长篇的，还不如先到"中国天眼"基地采访，再看看资料，写个短篇。当他把想法和相关领导汇报后，得到的答复是："好啊，写个短的，再写个长的。"

退耕还林后的"大窝凼"周围植被浓密，满目的绿色让王宏甲预估此番采访会出现很多精彩的片段。他在基地和村镇采访了几十个人，每个人讲述的都是不同的故事，而这些故事都与一个叫南仁东的"胡子老者"有关。南仁东第一次到平塘时留有小胡子，他离开平塘后还是留有小胡子，平塘人喜欢这么亲切地叫他，二十多年来没变过。

每天的光阴就像白驹过隙，王宏甲感到时间消逝得太快。梳理着采访的内容，他觉得"整个采访过程就是访问'不朽'的过程"。他一次次地看到一个生命并不因为逝世而消失，而是始终活在人们的生活和记忆之中，这个生命就是南仁东。"中国天眼"架在一个洼地里，这个洼地就是"大窝凼"，原先有12户人家住在那里。王宏甲与先前居住在"大窝凼"里、后来搬出去的村民交谈，从村民的讲述中，他看到了南仁东很平易近人的一面，"没架子，说话朴素，就像个老大哥"。让王宏甲深为感动的是，那些从"大窝凼"搬出去的村民和其他乡亲杀鸡招待他，用米酒敬他，让他觉得这片土地的情义好深好重，写不好南仁东的故事，他就觉得对不住那么多关注或投身于"中国天眼"的人们。

随着采访的深入，越来越多的细节和片段让王宏甲心潮澎湃。尤其是那只经常围绕着南仁东转圈摇尾的、名叫"凼凼"的流浪狗，让王宏甲心绪难平。后来王宏甲与我见面说到凼凼时，他望着某个远处，眼里噙着泪水，我知道，那个生灵已走进他的灵魂中去了。

采访时王宏甲了解到，出生不明的凼凼是一只流浪狗，"中国天眼"基地的人们记不起它是什么时候来"大窝凼"的，只记得它总在南仁东身边转，蹿上跳下的，十分活泼。说起来十分神奇，"大窝凼"这么一个偏僻的地方，居然有很多条流浪狗，而凼凼就是它们的"老大"。"老大"可不是徒有虚名，它外形高大，野性十足，南仁东很喜欢它，总会把自己的食物分享给它一份。在"大窝凼"，只要远远地见到一人一狗，人们就知道是南仁东和凼凼。南仁东走遍了"大窝凼"的每个角落，凼凼也跟在南仁东的后面欢天喜地地奔走。每一次南仁东离开基地的时候，凼凼总要追着南仁东的车跑出好远，直到南仁东下车阻止它，它才不甘不愿地停下来，那副样子让疲惫的南仁东心生暖意。那样的画面，王宏甲想起来都感到温馨：一片苍茫的群山，一个超级"大窝凼"，一个留着小胡子的科学家，一条威猛而忠实的狗，一个直径达 500 米的望远镜……画面组合在一起，怎么看都有那么一点跳脱，但这个跳脱的后面，每个部分却又是那么和谐。

已经属于"大窝凼"的凼凼，心中已种下不离不弃的笃定，每次南仁东回到基地，它就开心得不得了。2015 年 3 月的某一天，南仁东因病重秘密离开基地、返回北京，凼凼似乎感觉到了什么，"送行"时的依依不舍胜过以往任何一次。它拼命地追赶南仁东乘坐的车子，南仁东从后视镜里看到这个情景，赶紧叫司机停车。他走下车对凼凼轻声地说："不要追,快回去!"凼凼满目含情,听话地蹲在原地,目送车子消失在视野中。采访时王宏甲了解到这个细节,心抖得厉害,然后视线渐渐模糊起来。

但还有更让人心碎的故事。回到北京后,南仁东做了肺癌切除手术,之后一边在家中休养,一边通过邮件主持基地的工作,但没人知道此时的他已是病入膏肓。他常常望着家人养的柯基犬若有所思,也许他在想念那只大山深处的狗儿,也许他在想念"大窝凼",也许他还想到很多很多……秋天到来,放心不下的南仁东返回"中国天眼"基地,车子刚到大门口,凼凼一下子蹿出来,用前爪拼命地抓着车门,显示出异常的激动和喜悦。南仁东笑着从车上下来,四目对视,整个"大窝凼"一下子温馨起来。

2016年9月25日,"中国天眼"落成启用,南仁东拖着病体再次返回"大窝凼"。凝聚他一生心血的大射电天文望远镜终于建成,他要亲眼见证这个时刻。庆典结束后人们纷纷离去,南仁东一个人留了下来。他找到凼凼,一人一狗,在基地一直呆到深夜。离开基地时,南仁东对凼凼说:"好好呆着,等我回来。"凼凼望着南仁东的身影,感觉不太对劲,因为它的主人曾经的激情飞扬已变成一片安然,是不是哪里出了问题?

这是一次眼神里有着太多含义的诀别!果然,那个熟悉的身影再也没有回到"大窝凼"来,凼凼有时守在基地大门口,凝视着道路的尽头;有时在"大窝凼"四处走动,似在寻找什么;有时对着天空,发出无声的呼唤。"每次我一想到这只叫'凼凼'的狗狗，我就会情不自禁地想象出一只温顺的生灵望着苍穹和群山的样子，那眼神里一定有期待，一定有喜悦，甚至还有一点悲伤，因为那个它熟悉的人已从它的视野里消失……"王宏甲说。凼凼是一只感情丰富的狗狗，对于其他人来说，看到它也许只是一阵慨叹，但在他的文字里，它是一个很纯粹的、很有灵性的生命符号，它的出现包含了太多的信息。采访时他很想看看凼凼，但基地的人告诉他凼凼已不在"大窝凼"了，不知道它去了哪里。王宏甲觉得很遗憾，如果能够见到它，也许文字里的那个生灵会更立体。

除了在贵州采集素材，王宏甲还到中国科学院国家天文台以及南仁东的家乡探访。写完短文，他就开始写《中国天眼：南仁东传》。写传记所花费的精力和时间，外人无法想象。按理说2018年就该交稿，但这次王宏甲拖稿了，他觉得这本书是对一个科学家的最高致敬，他要慎之又慎。有几个晚上他睡不着，就从床上爬起来接着写，写到凌晨两三点又睡下。有一次写着写着就感到天旋地转，倒在地板上昏迷不醒，随后被救护车拉到医院急救。即便在住院，他还通过电话补充采访，不断核实细节，每个细节他都会问不同的人，以确保情节的真实可靠。虽然写过《新教育风暴》《智慧风暴》《现在出发》等多部影响甚大的报告文学，但这一次他的感情投入巨大，因此写了差不多一年，才将稿子交给出版社。

"谢谢您把贵州的一只狗都写得那么好。"中国科学院遥感与数字地球研究所研究员聂跃平读《中国天眼：南仁东传》这部新作时，在微信里真诚地对王宏甲说。王宏甲曾采访了聂跃平整整一个下午，后来他们又通过电话、微信联络了上百次。他知道他简短的话语中包含的意义非同寻常，有赞许，有肯定，有敬佩，"大窝凼"里有生命的无生命的都在传记的文字里变鲜活了。

《中国天眼：南仁东传》呈现了一个全身都是工农气质的科学家形象，通过南仁东无数次走过的通往基地的山路，通过他为了改变基地科研人员单调生活而建起来的简易篮球场，通过他为了让女士们能洗澡而建起的浴室，还有他攀登过的一座座高塔，以及他走后经常孤独地坐在"天眼"旁发出悲鸣的凼凼，南仁东的形象清晰、感性、真切地跃然于人前。书中还专章写了南仁东内心的英雄情结：他在苏联科考时，特地到小说《钢铁是怎样炼成的》作者故乡去凭吊，在他看来，"天眼人"的精神气质，就是在自力更生、艰苦奋斗的时空里锤炼而成的。评论家张陵说：《中国天眼：南仁东传》是在世界科学思想发展的星空下塑造南仁东形象，更是在人类文化思想的星空下揭示南仁东的精神品质，"看'传记'，我们如同在一起仰望'南仁东星'"。

《中国天眼：南仁东传》出版之后，王宏甲并没有休息，而是接着对着电脑将原著改编成41集的电视剧《中国天眼》。该剧入选国家广电总局2018—2022首批100部重点电视剧剧目和中央广播电视总台庆祝新中国成立70周年重点剧目，中共贵州省委宣传部、中共吉林省委宣传部、中央广播电视总台、中国科学院联合出品，吉林影视集团、上海嘉彤影视承制拍摄,由杜军执导,成泰燊、李崇霄、高明、杨猛、刘佳领衔主演。

2019年4月26日,电视剧《中国天眼》在平塘天文科普教育基地开机,作为编剧的王宏甲出席开机仪式,我受剧组之邀到平塘采访。在去平塘的车上,我和王宏甲用微信聊了一阵,当下心血来潮,立马用手机写了一首名为《慧眼》的歌词并通过微信传给他:

> 给我一双慧眼,
>
> 把整个苍穹看遍。
>
> 雄心在星际激情穿越,
>
> 光芒万丈,风光无限。
>
> 给我一双慧眼,
>
> 看人类爱意绵绵。
>
> 未来有更多新的发现,
>
> 探索宇宙,迈向光年。
>
> 一眼望穿千万年,
>
> 时光深处我们手相牵。
>
> 一眼望穿亿万年,

现在出发我们心相连。

电光火石，激荡世界，

流星划过，梦想翩跹。

王宏甲看了歌词后，回复我说歌词很棒，气象开阔，激情飞扬，如果能作为电视剧的主题歌更好，他会转给导演。其实我对这首歌词能否成为电视剧的主题歌并不抱什么希望，只是当下很想表达一下自己的心情。我不会为这首歌积极争取什么，但我想王宏甲是感知得到我的这番心意的——同频共振，会产生很多内心语言。见面时，他看着我说："兄弟，不错！"我不知道他所说的"不错"指的是什么，是我能来剧组采访不错，还是我写的歌词不错。我没问。没问最好，一切尽在不言中。

我在开机仪式结束后采访了导演、主演和王宏甲。成泰燊扮演南仁东，从形象到气质，他都很接近那位蓄着小胡子的科学家。他得知平塘是我的老家，就很激动地说："陆老师的老家这么牛，除了绿山青山，还有大射电望远镜。我会演绎好一个有梦想、有担当、有情怀、有远见的科学家。"王宏甲在旁边说，希望在电视荧屏里看到一个活着的南仁东。

和王宏甲攀谈时，我开玩笑说："王老师已是平塘人了吧。"王宏甲说平塘的东西这么棒，他必须付出百倍的努力，才对得起这片土地和那帮在"大窝凼"辛勤工作的天文科技工作者，以及广大关心大射电望远镜的人们。这话听起来有点"华丽",但我知道那是他内心的真实情感。我想文学家有时面对某种情愫,也不太清楚该选择什么样的表达方式才更合适。我想起他笔下那只叫凼凼的狗狗,它那么可爱,那么期待和南仁东在一起,这种符号性的情感植入,让我明白内心的真实表达其实并不存在什么华丽的词藻,因为一切都是从"真"出发。

记得几年前我和王宏甲一起去赤水参加一个红色文化纪念活动,在他住的房间里我们聊了好长时间。那时他只是听说平塘有个叫"大窝凼"的地方正在建设大口径球面射电天文望远镜这样一个超级大的工程,却从没有想过自己和这个大工程会有什么关联。但竟然有这么一天,他与这个大工程结缘了,深入其中并用文字向世人展示了一幅波澜壮阔的时代画卷。"其实冥冥之中早有预示,多年前来平塘的掌布景区考察采风,那应当算是一个引子。"他表情恬然,话语中弥漫着亲人一般熟悉的气息。

《中国天眼》这部电视剧据说一直不断修改,因为是人物传记式的作品,精益求精自在情理之中。王宏甲写的文字式传记转换成影像式传记,平塘乃至贵州会再次让人熟知,让人在由画面构建而成的故事中感受到一个作家的真挚表达,更重要的是,人们还能重新认识喀斯特高原的"气质"和"温度"。

并非只有王宏甲在写"中国天眼",贵州的作家王华和南鸥也在用不同的文学体裁记述发生在"大窝凼"的故事。王华写的是《仰望苍穹:

中国天眼之父南仁东》，南鸥写的是《仰望星空——中国天眼之父南仁东传》，尽管所写"大窝凼"故事的侧重点和视角不一样，但至少说明我们的作家保持关注现实生活的热情高涨，他们写出来的书是贴近现实的，更是受读者欢迎的。"大窝凼"那里有太多的惊喜，因此所有的故事都令人神往。王宏甲后来在贵州的多个地方开报告会，话题总是围绕"中国天眼"展开。你想，那么一个举世瞩目的大工程，那么一个为梦想奔走22年才遂了心愿的男人，其中的百转千回不知道有着怎样的情感牵扯，这怎不令人憧憬呢？这些年我到"中国天眼"台址好多次，见到由此延伸出来的天文小镇和天文体验馆变身为游客如织的景点，内心的喜悦就像花朵一样在心中盛开，且芬芳四溢。

后来我曾问王宏甲：王老师，你还会写贵州么？他说：为什么不呢？那么多精彩的场景和瞬间，太值得写了。在《中国天眼：南仁东传》之前，王宏甲写了安顺的塘约，书名叫《塘约道路》，是人民出版社出版的，讲述了安顺平坝塘约村崛起的壮阔历程。其实这些年来贵州采访创作的作家很多，何建明、蒋巍、钟法权等名家都曾深入贵州，用文字讲述了对贵州的多种情绪，贵州故事通过文学作品的形式，被传播到了很远的地方。

千千阙歌萦绕。喀斯特腹地的"大窝凼"，已经破浪启航。

「天字号」采访组

李友华

"在'大窝凼',我们见证了一个国家重器的诞生。与 FAST 相遇,为我们的人生增添了一段不可磨灭的印迹。'大窝凼'教会了我们科学严谨地工作,去发现美好的事物。它让我们懂得了担当,并迅速成长。"扶曼回忆起 7 年前到中国天眼采访的经历时,仍然激动不已。

2016 年,百花竞放的 4 月,平塘广播电视台获得国家天文台 FAST 工程指挥部特别批准,对 FAST 工程建设进行跟踪采访。台里决定,让年轻的女记者扶曼带领 3 名记者驻扎克度镇,分别对 FAST 工程建设、天文小镇建设进行实地跟踪采访报道。幸运的他们成为国内外唯一能够深入 FAST 工程一线,长期跟踪记录建设情况,近距离采访科学家、工程师和建设工人的新闻报道组成员。可以说,这是一个令同行羡慕不已的"天字号"报道组。

大策划

接到任务后，度过前期的兴奋和激动，扶曼也感受到前所未有的压力。她从事新闻工作的时间不长，没有独立承担重大活动采编和报道的经历，团队的成员也都是年轻记者，如果工作没有做好，岂不辜负了领导的信任?! FAST 工程是一个超级大工程，扶曼深知肩上的责任很重，深知接受了这个任务，就是承担了一个只能成功、不许失败的使命。

万事开头难，一切从零开始。

作为新闻记者，扶曼心里清楚，要做好新闻报道，首先要做好事前的策划，对要报道的人和事做到"心中有数"。前期的策划没有做好，后期的报道必然会主次不分、主题不清，杂乱无章。因此，前期的策划成了她日思夜想的问题。

FAST 这个天文界的高端大工程，对扶曼团队来说无异于一本"天书"，应该报道什么，采写什么内容，报道哪些人物，怎样报道，从哪里找到切入点……所有这一切都是摆在报道组几个年轻人面前的问题。为熟悉了解 FAST 工程，他们如高考前的冲刺，不遗余力地"恶补"凡是能找到的与 FAST 相关的所有书籍和文章。在做了大量的功课后，他们最终拟定了报道策划方案。这个策划方案共分为四大板块，每个板块细致地罗列出了需要报道的内容、采访的人物，有的还草拟了新闻标题，暂时无法明确的人和事也都注明了报道的方向或大致内容。方案呈报平塘县文化广电和旅游局编审后，在时任局长张虎的组织下，全平塘广播电视台采编人员群策群力，对策划方案又进行了补充和完善，并补充了一份关于"FAST一百问"的初稿，罗列了很多涉及射电望远镜的知识，这是为满足观众对科学的探索和好奇而设计的，类似于回答观众的科普问答。像这样大费周章集全台之力的策划，在平塘广播电视台是破天荒的第一次，它是全台集体智慧的结晶，内容广泛，周全细致。正是得益于这个大策划，扶曼和她的团队快速成长，后来的系列报道能够有条不紊地进行下去。

走进"大窝凼"

为方便采访，台里为采访组安排了一辆小车。车是租来的，因为经费不足，没有安排驾驶员，但扶曼有驾照。经过紧锣密鼓的准备，既是编导，又是采访记者兼驾驶员的扶曼，带着她的采访团队——四个年轻人组成的两个报道组，向克度镇出发了。

4月的乡村，举目葱茏，清新湿润的风从车窗外扑面而来，一方方的绿镶嵌在田野上。青葱的树木、路边的野花在车窗外一闪而过，几个年轻人的心情和天上的蓝天白云一样高远清爽，特别惬意。尽管去克度镇的路正在扩修，几十公里的路程也足足跑了近三个小时，一路都是石子和坑洼，可这丝毫不影响他们的踌躇满志。

他们的驻地被安排在克度镇计生站的二楼，这里相对安静，每人都有一个自己的小房间，便于晚上写稿和初剪素材。不足的是，房间是东西朝向，二楼朝东的窗户下是一户农民的猪圈，打开窗户便会有一股猪粪味扑鼻而来，飞舞的蚊虫更是房间的常客。下午，西晒的阳光把房间烤得像个大蒸笼，连墙壁都是热的，为通风散热，大家只好选择打开朝东的窗户。最麻烦的是洗澡，这里只有一个卫生间、一个热水器，晚上只能排队洗澡。那时，镇上到处都在建设，水管里的水什么时候都是浑黄的，他们晚上要用水桶接上水，沉淀一晚上，早上用来洗漱。每天早上，水桶底都沉积着一层泥浆。要是要洗衣服，事先就要多接上几桶水。就这样，他们开始了对FAST这个陌生科学领域长达半年多的艰苦采访。

按分工安排，扶曼和她的搭档田建超负责对FAST工程跟踪报道，田建超负责摄影，扶曼还要负责文案采编。另一组是名叫孟颖和简定娟的两名"90后"女孩，负责跟踪报道天文小镇的建设情况。

今天去"大窝凼"。

这个小小的自然村落，只有在平塘县行政区域地图中才有它的名字。

前方峰峦叠嶂，云海苍茫。在1∶100 000的中国版图上，坐标为北纬25.647°、东经106.856°的交点上坐落了一个直径大约800米的岩溶洼地，这个洼地就是"大窝凼"。当"大窝凼"这个名字开始出现在媒体面前时，人们一时眼生，渐渐熟悉后得知："凼"，读音同"荡"，一个汉字最直观的意象组合——山洼里的一塘水。

这是一片绿色喀斯特王国,它的形成与存在,和世界上许多地方一样,千万年来平静地流淌在时间历史的笔端。隆起的高原,在缓慢的时光里接受着亿万年岩溶的侵蚀,在静卧的无声无息中悄悄完善着自己独有的造型。这个沉睡了亿万年的洼地,似乎是上苍为人类在寻觅科学文明时刻意保留下来的一片净土。

一条新辟出来的山路,一边傍着险峻的山体,另一边是陡峭的山崖,路基下是深谷。弯弯曲曲的山路上,人随山势一会儿向左偏一会儿向右仰,小车时常被过往的载重大货车挤到临坎的路边。第一次在这样的山道上开车,扶曼紧张得手心都是汗。

来之前就听说,FAST 选址"大窝凼"后,没有公路,为方便科学家进山勘察,12 户村民自发投工投劳,由当地政府提供炸药,仅用 28 天,硬是在陡峭的山壁上凿开了一条约 7 公里的简易公路。现在的公路是经过硬化并加宽的道路。一路颠簸,翻过一座山梁,远远看到前面山坳上一排白色的板房,他们知道"大窝凼"到了。

接待他们的是时任 FAST 工程指挥部办公室副主任的张蜀新。

眼前的张蜀新朴实精干:一身蓝色的工装,给人亲切敦厚的感觉,要不是头上戴着有 FAST 徽标的安全帽和身上穿着绣有名字的工作服(这是国家天文台 FAST 工程指挥部专属标志),扶曼甚至不太相信眼前这个朴素的男人就是中国科学院国家天文台射电天文研究部的副主任。

扶曼礼貌地向张蜀新说明了来意，事先得到通知的张蜀新热情地表示，会为他们的采访提供力所能及的帮助。

踏过平庸

"感官安宁，万籁无声，美丽的宇宙太空，以它的神秘和绚丽，召唤我们踏过平庸，进入它无垠的广袤。"这是科学家南仁东写给"大窝凼"的诗。

在报道组的采访策划方案中，罗列着以科学家南仁东为首的我国十多位顶尖天文科学家、工程师的名单。在"大窝凼"，报道组的工作也是从拜访他们为切入点铺开。报道组先后采访了FAST副总经理彭勃博士、总工艺师王启明、副总工艺师孙才红、测量与控制系统总工程师朱丽春等优秀天文学家和工程师，从而知道了FAST是一个多么了不起的世纪大工程，它的三大创新和核心技术震撼世界，伫立在天文界的巅峰，熠熠生辉。FAST的建设将会为人类研究脉冲星、中性氢、黑洞吞噬小天体、星体演化，以及搜寻外星文明等起到不可估量的作用。

FAST工程的主管都是一些科学家和工程师，平日里工作很忙，加上工程具有保密性，一般不太愿意接受采访。为解决这个问题，扶曼他们事前绝口不提采访的事，只是主动地向他们虚心求教FAST的相关知识，一回生，两回熟，待双方有了了解和信任，再寻找恰当的时机向他们提出采访的请求，一般到这种时候他们也就不太好拒绝了。而且对采访对象有了了解，她们的采访也更具针对性了。

记得采访FAST测量与控制系统总工程师朱丽春那天，朱丽春刚从中国科学院国家天文台密云射电天文观测基地回来，扶曼在"大窝凼"的施工现场与她交谈。山里的天说变就变，刚才还是阳光灿烂，突然间就阴云密布，豆大的雨点从天而降。看着停在不远处的采访车，扶曼灵机一动，邀请朱丽春到采访车中避雨。就在这样一个空间狭窄的采访车里，一个FAST工程精英和一个基层普通记者竟聊了整整一个上午。扶曼随身带着的录音笔，静静地记录下了朱丽春在"大窝凼"工作的心路历程。

1994年，朱丽春加入FAST团队，当时她在FAST已工作了22年，是这里工作时间最长的女性工程师。她笑称："自己都从青涩的小姑娘变成了中年'女汉子'。"对自己的工作，她打了个比喻："FAST就像一个人，我们负责的测量与控制系统是她／他的血管和神经系统，只有把这两大系统协调控制好，才能让这个'超级大胖子'舞蹈，并且动作精准优美。"FAST的很多技术创新都达到了工程极限。面对众多几近无解的难题，巨大的压力曾让朱丽春透不过气来，精神几近崩溃。她坦言，遇到瓶颈长期突破不了时也曾偷偷哭过，甚至当众都哭过，但她最终坚强地挺了过来，带着自己的团队历经9年攻坚，圆满完成了设计任务，自主创新达6个之多。

看着眼前的朱丽春，扶曼重新认识了自己心目中的"高端人士"。其实，他们离普通人并不遥远，他们也和常人一样，会为一个难题彻夜难眠，为一次成功欢喜雀跃。然而，与普通人不同的是，他们有着无比坚强的精神、百折不挠的品质和当仁不让的责任担当。

在没有进入"大窝凼"前，采访 FAST 首席科学家南仁东先生就被列入报道组最重要的工作内容之一，可进入"大窝凼"后却一直没有机会进行。南仁东先生是 FAST 的发起者和奠基人，为给大射电寻找一个"家"，他走遍了贵州的所有喀斯特洼地。他领导的团队克难攻坚，在 FAST 的建设中获得了 59 件新发明，成功申报了一系列科学技术专利。如果采访不到南老，报道组所有成员必将遗憾终身。

随着 FAST 工程竣工日期的临近，采访南老的计划就更显迫切。但是，报道组每次来"大窝凼"，南老的时间总是排得满满的。2015 年，身患肺癌的南老不得不住院接受治疗，随着时间的推移，他的身体每况愈下，这就更增加了采访他的难度。

然而，"踏破铁鞋无觅处，得来全不费工夫"。扶曼清楚地记得，那是 2016 年 9 月 25 日，FAST 落成典礼。当天，国际天文学界的权威专家、学者，以及中央电视台等国内知名媒体记者云集"大窝凼"，争相参与和报道这一震惊世界的科学重器的落成。

早上，扶曼和田建超在基地门口拍外景，有央视记者从他们身边走过。央视领队老师边走边跟同事沟通："已经跟南老约好了，一会儿进行采访。你们做好准备，南老的时间很宝贵，采访的问题一定要准备充分。"说者无意,听者有心,这真是天赐良机。扶曼高兴极了,急忙追上央视老师,对她作了自我介绍并说明情况,请求跟他们一起采访。央视领队老师李峥爽快地答应了她的请求,同时商定,考虑到南老的身体状况,采访的所有问题由央视记者统一提问,央视和平塘台各架设一台机器,两个机位同步拍摄,力争一次性完成拍摄采访任务,资源共享。

在FAST观测基地综合楼总控室,一个中等个子、身穿灰色T恤的老人向他们缓慢走来,花白的头发,坚韧的眼神衬托出他的睿智、率性,走在人群中也能让人感觉到他带有的一股强大的气场。这就是频频出现在电视里和报纸上的大名鼎鼎的科学家南仁东。

眼前的南老,比起前些日子电视里看到的要憔悴得多,因长期服药和进行治疗,他的声音沙哑,说起话来非常费劲,一句话要停顿几次,几乎是一个字一个词地从胸腔里"吐"出来。半个多小时的采访,南老给人的印象是丝毫没有科学家的架子,中途也没有要求休息,一一回答了记者的提问,尽管语速缓慢,但逻辑清晰、条理清楚,他的知识面之广也震撼了现场所有人。其中,南老的一段话扶曼记得最清楚:"贵州人民为FAST付出了这么多,如果我们在建设中有一点瑕疵,那我们对不起贵州人民,对不起国家。望远镜今天落成启用,这不是我个人的功劳,这是整个FAST团队共同努力的结果。"

看着南老两鬓的白发、嘴唇上花白的胡须、憔悴的面容,聆听着南老时断时续、中气不足的谈话,扶曼心里隐隐生疼。

伟大的事业需要伟大的精神。22 年来，南老和他的团队把中国人探索苍穹的梦想变成了现实。仰望星空，他们踏过平庸，彰显了炎黄子孙傲视苍穹、孜孜不倦、敢为人先的"问天"精神。

采访菲利普·约翰·戴蒙德博士

幸运地采访到南仁东先生后，报道组在 FAST 观测基地综合楼里遇到了国际综合孔径射电望远镜 SKA 计划（平方公里阵列射电望远镜）组织总干事，菲利普·约翰·戴蒙德博士，和他在一起的还有彭勃博士和苗启松博士。

这是一个极好的机会。之前张蜀新主任和扶曼就人物采访曾商议过，应该增加一些国际天文界专家的采访，这样报道才够全面和客观。

机遇就在眼前，可是问题来了：没有翻译怎么办？

扶曼在脑海中快速思考着对策，随后将目光紧紧地盯向彭勃博士。看向扶曼的眼神，彭勃博士知道她这是在向自己求助，当场爽快地说："没问题，我来为你们翻译。"这可把大伙儿高兴坏了。

菲利普·约翰·戴蒙德博士在 FAST 项目建设前期曾来过"大窝凼"考察。

戴蒙德博士说："参加这样的活动非常有意义，FAST 非常重要，它能够发现脉冲星，这是研究宇宙形成的重要手段，还有引力、引力波探测等这些重要的科学都要靠 FAST 去发现，FAST 就是一个最大的天文射电科学发现机器。中国对国际天文界做出了很多贡献，FAST 的建成更加令人惊叹，它把中国射电天文学带到了世界第一梯队。"

"FAST 和 SKA 建设在南非的碟形天线阵列、澳大利亚的低频孔径阵列是互补的，我们乐意在今后的'南天－北天'联合观测等方面开展更多的合作。"菲利普·约翰·戴蒙德博士说。

菲利普·约翰·戴蒙德博士他说中国的 FAST 对 SKA 的建设起到了很好的借鉴作用。

因为有彭勃博士水平一流的翻译，这次的采访特别顺畅。播出后这期节目被央视等多家媒体转载刊播，获得了同行们的一致好评。

镜头里的建设者们

清晨，深山里的鸟鸣和风中响起的铃声敲开了"大窝凼"的宁静。

为改变以往摄像机平视角度，增强画面的视觉冲击力，报道组今天决定用无人机航拍的方式来俯瞰 FAST 普通工人一天的工作。

她们首先跟拍的是反射面板的吊装。

随行的杨清亮是都匀人，是 FAST 工程项目中最年轻的工程师，大学毕业后加入 FAST 团队，协助张蜀新副主任工作。都是年轻人，又是黔南老乡，工作中扶曼、田建超跟杨清亮相互协作，早已成为好朋友。

今天，杨清亮调用了基地的"小飞机"帮助报道组进行航拍。

这是架设在白色圈梁上的塔吊，距离地面 70 米；转运车距离地面 50 米；反射面板节点距离地面 50 米左右。从地面仰望，这些高度都让人眩晕，而工人们身上挂着安全带，徒手爬上去，操作时如履平地。

问他们："怕不怕？"

"不怕，每天上下 4 次，都已经习惯了。"

随着工长的哨声，所有工人各就各位，机器启动，吊装开始。塔吊、转运车、遥控升降葫芦、全方位姿态调节吊具 4 种设备联动，将四边形反射面单元安全送到固定节点。高空上像蜘蛛人一样的 4 名吊装工人熟练地将面板的 4 个节点用螺丝牢牢地固定在索网的结点盘上，一个反射面单元的吊装一气呵成，吊装精度正负值不超过 5 毫米。

田建超手中的摄像机作为这次拍摄的副机，一刻不停地转动着，将吊装工序全程同步记录下来。

中午，报道组像往常一样跟科学家和工程师们在食堂用餐，吃的是自助餐。在"大窝凼"采访，午休对他们来说是一种奢望。FAST 建设地距离县城较远，参与 FAST 建设的几百人每天需要的食材只能就近在克度镇购买，这给当地集市带来很大压力，食材经常供不应求。食堂的师傅因陋就简，只能为大家提供简单的饭菜，但报道组从来没有听到有人抱怨过。

下午跟踪拍摄馈源舱调试。

"馈源舱"是科学术语，它是FAST的核心部件，相当于人的"眼球"，有了它，FAST这口"大锅"才能看到遥远的天穹。为建造这只"眼球"，工人们每天必须在高温下坚持工作。

在FAST这口超级"大锅"的底部，馈源舱系统的工人们都在忙碌。相对于反射面单元吊装作业，馈源舱的调试现场显得冷清许多，工人们都"躲"到了落足点不足9平方米的舱罩里工作。

此时，舱罩焊接工人正在对焊接点进行检漏，技术要求要涂上煤油。焊接工、电装工、钳工、伺服调试4个工种的9名工人，在充满煤油味的密闭舱罩里各司其职，一干就是一整天。

"馈源舱"上方的圈梁上，有3个人在沿着圈梁巡查。他们是FAST工程的质量管理员，负责对整个施工现场的工程质量进行同步检查，一旦发现问题就要及时纠正或处理。一年365天，他们将近有330天在现场工作。大射电望远镜口径500米，相当于30个足球场的大小。巡查员的工作看似简单，却需要耗费大量的体力和脑力，每天大约要走8公里的路程，并且要像猎鹰一样紧紧盯着每个施工点的质量。巡查员向小军告诉扶曼，他从圈梁建成开始负责巡查工作，到今天大约已经走了13 000公里。

从太阳升起到落山，建设者们完成了一天的工作，这一天只是他们平凡工作中最普通的缩影。报道组的采访也进行了整整一天。

今天跟踪拍摄的只是FAST工程众多建设者中的三个群体，在"大窝凼",每天都有很多像他们一样的建设者在为工程建设默默地工作。

回到驻地,报道组加班赶写文稿、剪辑画面,很多专业术语还需请教专家和工程师。航拍的画面视觉效果很好,但由于小飞机机翼旋转带来的噪音大,报道组的录音设备档次低、指向性差,拍摄时他们只能先拍画面,再重新录制声音,晚上剪辑时不得不一次次地核对剪辑现场声,直到声画完全同步。张蜀新主任看过这期节目后高度赞扬,对这几个年轻人刮目相看。

付出就会有收获,《无人机空中聚焦射电人》这条新闻获2016年度"贵州广播电视奖"三等奖。

"大天锅"的得名

像猎人一样,时刻睁大双眼,竖起双耳,随时随地捕捉有用的新闻信息和线索,是扶曼他们在"大窝凼"采访养成的好习惯。

如今,人们已经习惯称FAST为"大天锅",这个称谓已经专属于这只观天巨眼。可人们却不知道,最初把FAST比作"大天锅"的竟是当地的一个小学生。正是因为报道组的采访报道,"大天锅"的美称由此"火"遍了各大媒体。

2016年10月,平塘县克度镇第一小学的王思倩同学从老师那儿得知,中国科学技术协会正在举办"家书载梦"活动,每个小朋友可以写一封信，通过太空邮局，搭载神舟十一号飞船送达太空。在老师的鼓励和辅导下，她写下了一封给航天员叔叔的信并邮寄出去。

2016年11月3日，是太空邮局成立5周年纪念日，航天员景海鹏和陈冬作为太空信使，首次在天宫二号以视频连线的方式向公众展示太空邮局天地通邮。他们从进入太空的50多万封信件中抽取了7封和全国人民分享，其中一封就来自王思倩同学。在与相关人员的聊天中得知这一消息后，扶曼和田建超迅速赶到王思倩家中对她进行采访。交谈中，王思倩的话语充满童趣，她称FAST为"大天锅"。自己的信件被航天员叔叔陈冬在太空读了出来，她特别激动。

"我很意外，但是特别开心，之前总是觉得太空离我们很远很远，现在有了太空邮局，我的信居然可以被航天员叔叔带到太空去，感觉就像在和他对话一样。我以后也想当一名航天员。'中国天眼'就在我家附近，我特别想知道航天员叔叔能不能在太空中看到我们的这口'大天锅'。"说话间，小思倩激动得脸红扑扑的。

抓住中国宇宙空间站首次实现天地通邮的新闻点，结合寄信小朋友的童真童趣，报道组在采访中突出了中国青少年对太空的憧憬、遐想和期待，努力讲好天、地、人的故事。

节目播出后，中央电视台采用了这条新闻，国内各大网络媒体、报纸也纷纷转载，这条新闻由此获得2016年度"贵州新闻奖"一等奖，成为当年获此奖项的唯一县级台新闻。

观景台和游客服务中心

采访车在一片绿海中颠簸前行,远方缥缈的浓雾似白色的丝带萦绕在半山腰。报道组今天的任务是集中探访正在建设的 FAST 观景台和游客服务中心,车到山脚下就停了,因为前面没有路了。

这里是真正意义上的荒山野岭,过去从来没有人到过这里。杂草丛生的一片荒地上,两台挖掘机正在进行场平工作,这就是建设中的 FAST 观景台和游客服务中心。

记者孟颖和简定娟几乎每天必到这里打卡,跟踪拍摄记录工程进度,采访建设工人。因为要手持摄像机,工作时不能打伞,草帽成了她们抵挡烈日暴晒的利器。长时间的野外采访,让她们光滑细嫩的皮肤变得粗糙和黝黑,扶曼也是一样。田建超经常打趣地称她们为"黑妹",而她们总是回怼说自己是最阳光的肤色。

当天,在时任平塘县旅游事业管理局工作员石雷的陪同下,报道组爬上了 FAST 观景台所在的山头。这里海拔 1120 米,从山脚到山顶都是突兀的陡岩和茂密的丛林,没有路可走,工人们搭建了简易的临时木梯。

山脚到山顶垂直距离约 100 米,大家手脚并用、大汗淋漓地爬了 50 分钟,徒手爬上来都那么困难,施工难度不言而喻。施工方要在 1 年内,在 10 万平方米的荒山上，修建一个建筑面积为 3000 平方米的游客服务中心、总建设面积为 3750 平方米的十二星座休憩平台、近千米的木制观光栈道和建筑面积为 1100 平方米的 FAST 主观景台，还有 1 个生态停车场。其中，施工难度最大的是游客服务中心和木制观光栈道。

920 米木制观光栈道全在陡岩坡面上修建。

受地形制约，工人们只能依靠肩挑马驮，把沙子、水泥、防腐木等建筑材料运送到山顶。工人们都是附近寨子里的村民，午饭自己带，施工条件极其艰苦。

为保护植被，人们修了一条马道，路太窄，只能容一匹马通过。为拍摄"马帮"的镜头，孟颖和简定娟费了不少心思，她们一次次跟随"马帮"从山脚爬到山顶，遇到陡岩，就像壁虎一样把身子贴在石壁上，直到把镜头拍完。一天下来，浑身都被汗水浸湿了，常常是支撑着下到山脚，小腿肚的肌肉就会不自主地颤抖。特别是山里蚊子多，这些蚊子不光叮人，还老往人的眼睛里钻。拍摄的时候她们最紧张的，就是蚊子来捣乱，因为很多镜头必须一次拍摄成功，要是拍摄中断，前面的镜头就废了。

"一天驮八趟到九趟，太可怜这些马了，上坡垛子重，一路气喘吁吁，下山路陡，一步一滑溜。要是运长的钢管，那就得用人抬，山路又窄又陡，前抵岩，后抵坎，稍不注意就摔倒，人被钢管砸伤是常事。"马帮运输队队员唐可美如是说。

群星璀璨——中国天眼背后的人们

"今年 9 月大射电望远镜就要竣工，天文小镇各施工单位正按照时间节点的要求，'5+2'、'白加黑'，大干一百天，确保 FAST 游客服务中心、天文体验馆、星辰天缘酒店、中轴迎宾广场及园区路网、霸王河景观改造等配套设施与 FAST 同步完工投入使用，实现大射电引爆大旅游的目标，推动地方经济大发展。"这是时任平塘县人民政府副县长、FAST 文化园建设指挥部指挥长的冉崇永接受采访时说的话。

这段时间，报道组每天一大早就做好上山的准备：在镇上简单吃过早餐，再买上一碗素粉或是饼干、面包作为午饭。因为天气热，带去的米粉和面包要挂在阴凉的树杈上以防止变味。油辣椒、酱油是最好的调料，但得防止蚂蚁和飞虫的"侵袭"，要是袋里钻进蚂蚁或飞虫，今天她们就得饿肚子了。好几次，看到孟颖和简定娟戴着草帽，满脸疲惫地坐在岩石上狼吞虎咽的样子，扶曼心里总会涌出一股莫名的心酸，虽然她比她们也大不了几岁。

那段时间，平塘全县从普通老百姓到干部再到县领导，都铆足了劲，他们只有一个目标：为了大射电的问世，为了这片土地的崛起。

镜头下的美好家园

今天报道组的任务是到金科村绿水组，用镜头记录村民搬迁的情况。

为保障 500 米口径球面射电望远镜正常运行，2013 年 7 月，贵州省人民政府出台了《贵州省 500 米口径球面射电望远镜电磁波宁静区保护办法》，划定以 FAST 台址为圆心、半径 5 公里的核心区，区域内严禁设置、使用无线电台和产生电磁波干扰的电子设备（包括电视机、电磁炉等家用电器）。因此，位于这个区域的 7 个村 37 个村民组的整体村民需要生态移民搬迁。经实地勘探选址，2015 年 12 月，平塘县在克度镇马鞍山和塘边镇油菜坪两地动工修建生态移民搬迁安置区。两个生态移民搬迁安置区总投资 4 亿多元，总建筑面积约 35 万平方米，可解决 1835 户 8000 多人的生态移民搬迁问题。按照 FAST 移民安置区的设计规划，安置模式为一户一宅，每家每户的住宅楼第一层都是宽敞的门面。安置区内设置了农业贸易、公共教育、医疗卫生、社会保障、社区服务等设施，就近建有工厂，为搬迁群众的生活提供了强有力的保障，搬迁群众在家门口就能就业，生活所需也能解决，确保他们搬得出、稳得住，逐步能致富。

绿水组与 FAST 工程仅一山之隔。

今天绿水组迎来了历史性的时刻，成为第一批搬离核心区的村民组。

刘品维一家从一大早就忙碌着打包、把东西抬上车。

毕竟是故土难舍，装好车后，刘品维来到自家门前的水沟旁，用家乡的山泉水洗了一把脸，然后就默默地看着自己生活了大半辈子的这个小村庄。自此一别，他不知道什么时候才能再回到这里。

村民刘次全一家也正忙着搬运家具。

在山里生活了42年的刘次全屋里屋外地转了一圈又一圈，他们家十代人啊生活在这里，今天要搬到镇上的安置点，心里十分难舍。

今天，与刘品维和刘次全家一同搬迁的还有另外56户人家。

在FAST 5公里核心区内，需要进行生态移民搬迁的1410户6633名村民将分批搬到克度镇和塘边镇安置点，开始新的生活。

从克度镇马鞍社区新建好的山体公园高处往下看，依山而建的一排排红顶白墙的小屋整齐排列，一直蜿蜒到山脚下，其中的一户就是金科村杨小美的新家。

杨小美说："搬迁之前，我们先去马鞍社区看了一下，一排排新的楼房，路很宽，还有农贸市场、幼儿园、文化广场、卫生所，这么好的条件肯定要搬啊！"没有犹豫，杨小美家成了第一户签字同意搬迁的人家。

换一方水土，变一种活法。这场"背井离乡"的大迁徙中没有泪点，反而处处充满着老百姓的笑声。生活在环境优美、条件优越的新居所的乡民们，早已"把他乡作故乡"。搬离故土，留在脑海里的是乡情；住进新居，脸上露出的是真心的笑容——这是FAST 5公里核心区移民搬迁的真实写照。

在报道组的镜头里，一个个真实的场景记录着安置区移民们的过去和对搬进新家园的美好憧憬。随着时间的推移，这些视频终将成为珍贵的史料，见证着核心区的村民们高尚的家国情怀和深藏于心中的这段不灭的记忆。

青春与梦想相伴

"我喜欢做记者，因为世界上没有任何一种职业能够让我快速地切入他人生活的精华部分，并将其变成自己的能量，再传播给他人。我深信记者这一职业，必将让我的人生变得更加丰富和精彩！"作为电视台新闻记者，扶曼给人的印象甜美大方、举止得体。近四个小时的采访中，从进入大射电建设工地到与 FAST 团队的科学家、专家的接触，与工程技术人员的交流，与当地村民和普通工人的沟通，她侃侃而谈、逻辑清晰，透着一个知识女性良好的职业素养。

真诚待人，获取信任，争取各方助力，并完成采访任务，是扶曼和她的团队的共识。工作中她们坚持四点：言行得体文明，工作作风踏实，新闻创作精益求精，用尊重获取友谊。在"大窝凼"，她们踏实的工作态度、虚心求教的品格、精心采制的作品，受到 FAST 工程主管们的高度赞扬，大家也由此对平塘广播电视台刮目相看。

工作中，凡是 FAST 的新闻稿，扶曼都会主动及时交给 FAST 主管方审阅；每播出相关新闻，都会通知他们收看；对报道内容拿不准时，也会及时向他们请教；每逢节日，她会主动给他们发去祝福短信。最终，报道组的几个年轻人与 FAST 工程指挥部的张蜀新主任、王启明总工艺师、孙才红副总工艺师等都成了好朋友，工作上得到了他们的大力支持，甚至屡次合作。FAST 工程指挥部需要记录的所有现场人物采访都交由报道组采访拍摄，而报道组也能共享到指挥部实时记录的所有视频资料。很多时候，中央台、省台还没拿到的视频资料，报道组已经先拿到了。在张蜀新主任的帮助下，FAST 工程的任何施工现场，甚至是核心部位，她们都能进入，而其他媒体想进入"大窝凼"都很困难。有时央视记者想进入采访，都还得需要她们的帮助协调。正是基于这种良好的关系，报道组在"大窝凼"的工作如鱼得水。

其实，采访中她们也遇到了很多困难。首先，是对大射电望远镜不了解。扶曼和田建超主动向科学家与工程师们诚恳请教，尽量弄清 FAST 的工作原理和主要构成部件的作用、建造的难度、自主创新的核心技术，并对得到的繁杂信息进行梳理，对原来策划方案中的科普内容进行修改。其次，是对采访对象不了解。报道组利用与国家天文台 FAST 工程指挥部的合作，从与协助她们采访的管理人员的交谈中发现典型的人和事，不断修正报道方案。这种工作方法从始至终贯穿报道组的新闻采编中，有力地提升了报道内容的准确性，使报道更具新闻价值。

扶曼说："在'大窝凼'采访，白天多数时间在野外工作，晚上回到驻地，要抓紧时间撰写稿件，剪辑白天拍摄的素材，之后还要策划好第二天的工作内容，付出的脑力和体力是平常工作的几倍，一般人无法体会得到。然而，每一次采访，总有着令我们为之震撼的东西，这也成了我们源源不绝的工作动力。"

报道组住在克度镇，每天要往返于"大窝凼"、天文小镇和住宿点。身为组长的扶曼每天要很早开车把另一个报道组送到观景台建设工地，再折回"大窝凼"采访，工作结束后又去把她们接回克度镇驻地，一天仅在车上的行程就有近60公里，尽管很辛苦，但她还是咬牙挺住了。

为完成FAST新闻报道任务，报道组踏遍了"大窝凼"的每一寸土地。从凼底的馈源舱安装现场、反射面单元拼装工地，到架在圈梁之上的50米高空转运车、缆索吊反射面吊装现场、观景台和游客服务中心施工工地、5公里核心区……都留下了她们的身影。为拍摄"大窝凼"的全景画面，扶曼与田建超沿着陡峭的山梁，手脚并用，多次爬上山顶拍摄。为近距离拍摄建设者的工作状态，征得FAST工程指挥部同意后，扶曼还成为唯一一名登上50米高空转运车、缆索吊和进入馈源舱采访的女性记者。有一次在圈梁上，田建超为抓拍工人施工画面，没留意脚下的检修口未关闭，一脚踩空，掉下约3米高的检修台，腿部、腰部刮伤，但她仍然坚持完成当天的采访后才赶到克度镇卫生院包扎。看到报道组的工作状态，张蜀新主任感叹地说："你们几位平塘台的记者太敬业了，真该有人也好好地报道报道你们，写一写你们。"

在"大窝凼"的半年里，报道组共采制新闻70多条、专题片1部。其中，中央电视台采用6条，贵州广播电视台采用5条，其中有3条新闻分别获得"贵州新闻奖"一、二、三等奖，有5条新闻分别获得"贵州广播电视奖"一、二、三等奖。报道组圆满地完成了领导交给她们的任务。2016 年，扶曼被中共平塘县委、县政府评为"筹备'中国天眼'落成启用暨系列活动先进个人";2017 年，被共青团贵州省委和贵州日报报业集团联合授予"青春·榜样·力量'知行合一贵州好青年'"荣誉称号;2019 年，获评"黔南州好花红文化人才"。2022 年，扶曼调任中共平塘县委宣传部副部长。田建超如今已升任平塘县融媒体中心采访部主任，简定娟调任中共平塘县委宣传部意识形态科科长，孟颖调至中共黔南州委统战部负责宣传信息工作。

在"大窝凼"的日子，扶曼和她的队友们付出了很多，也收获了很多。正是有了这段难忘的经历，有了这份磨砺，她们迅速成长，走向了人生的一个新高度，这是"大窝凼"赐予她们的最宝贵的财富。